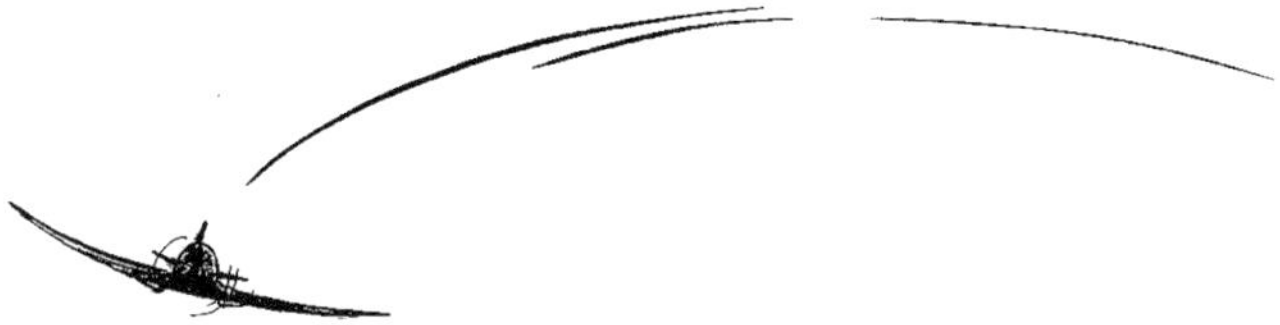

戦争に巻きこまれた日々を忘れない

日本とアフガニスタンの証言

新日本出版社

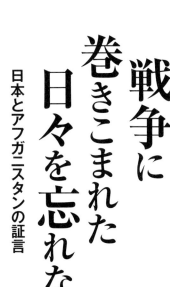

まえがき

二〇〇一年九月一一日に発生したニューヨーク同時多発テロ事件直後に、米軍のアフガニスタンに対する空爆が開始され、それまで日本国内で関心がほとんどなかったマスコミや一般の日本人もこの話題に興味を示すようになり、その年の一〇月に静岡市内で開かれたアフガニスタン情勢などに関する講演会に、主催者の予定人数をはるかに超える人々が集まりました。活発な質疑応答が行われた後に、数名の有識者がアフガニスタンの人々を支援するために「カレーズの会」の発足を私に提案しました。

私は同年一二月に戦火の中のアフガニスタンを訪れて、悲惨な生まれ故郷を目の当たりにしました。その時には平和な日本がうらやましく、アフガニスタンの事態に関心を持ち始めた日本の方々も、いつまでその熱心な気持ちを持ち続けることができるかと多少不安さえ覚えました。しかし、日本帰国後の報告会には再度多くの熱心な聴衆が集まり、そして、翌二〇〇二年の四月に〝アフガニスタンの復興を医療や教育面で支援するＮＧＯカレーズの会〟が発足する運びとなりました。この時の聴衆の中に静岡大学の客員教授の長倉禮子さんもおられました。

長倉さんは熱心なキリスト教の信者であり、NPO法人を通して地域の住民と繋がり、ボランティア活動などを行っておられました。静岡大学の学生への講義や教会の信者の皆様への講演も依頼され、ともに戦争のない世界への誘いをたびたび行いました。イスラム教信者である筆者（レシャード）とキリスト教信者の長倉さんがともに反戦や貧困層の支援活動をし続けたことは、単純に宗教を持つ心のみならず、人間愛がその基にあると私は思います。今、世界で宗教戦争が「正当化」されようとしていることは全く無意味であり、ナンセンスだときっと長倉さんは初めから思っていたことでしょう。長倉さんのこのような思いが、結果的に今回の本の執筆というコラボレーションになったことは、私にとって光栄なことであります。

二〇一五年、安全保障法案が国会で審議されるようになった時点で、宗教研究者であった長倉さんは第二次世界大戦、米軍による空襲などの苦い経験を思い出し、静岡市内の教会で、戦争を経験された方々と共に、私に講演を求められました。私はアフガニスタンの悲惨な状況と戦争がもたらした悲劇とその結果を語り、長倉さんが戦争体験を語りました。

しかしその後、多くの国民の平和の願いと日本国憲法九条の精神を無視した形で安保法制が国会を通過しました。このことが長倉さんと私の怒りとなり、異議申し立てを何らかの形で残すべく、この本の出版を決意しました。過去の戦争時代を経験し、苦い想い出を有する先輩たち、そして多くの若い世代がこの本を読むことで、過去の体験と悲惨さを忘れないこと、戦争への参戦によって新たに生まれる悲劇を許さないことを願って執筆させていただきました。一人でも多くの方に読んでいただければ幸いです。

二〇一六年五月

レシャード・カレッド

＊長倉禮子さんは、本書の刊行を準備していた二〇一六年三月、急逝されました。ご遺族のご了解のもと、その時点で遺されていた原稿を使って本書は刊行されています。

（新日本出版社編集部）

目　次

イラスト　ウルシ・ヒロ
写真提供　レシャード・カレッド

第1章　日本が戦争をしていた時代

長倉禮子

1　戦争の下の学校で

静岡市の浅間《せんげん》神社の境内に七つある神社のうちの一つ、大歳御祖《おおとしみおや》神社を氏神様とする門前町で歴史のある商店街の一角に私は生まれ育ちました。既に戦雲が立ち込めていたとはいえ、この街は古き良き時代の雰囲気が息づく、落着きのある街で、私は無邪気に楽しく幼少期をここで過ごしていました。しかし、この頃の遊びも学びも、生活のすべてが、実は忠実な小国民・皇国民に仕立て上げていくものでした。そのことを知り自覚したのは、戦争が終わってずっと

大正十二年四月

後になってからのことでした。

日本がアジア太平洋戦争に突入する以前は、浅間神社の境内の樹齢二〇〇年ともいわれる大きな穴の開いた楠《くすのき》に攀《よ》じ登ったり、浅間山に登ってドングリの実を拾い集めたりする子ども同士の楽しい遊びがこの界隈《かいわい》にはありました。けれども、家での遊びはだんだん変化していきました。二組に分かれて兵隊さんの帽子をかぶって敬礼し、次つぎに渡していって最後にどちらの組が早いかを競うゲームや、兵隊さんごっこや看護婦さんごっこはお決まりの遊びになりました。

わが家の正月恒例のカルタ取りも、いつの頃からか「小倉百人一首」ではなく「愛国百人一首」になっていました。田河水泡の漫画、「のらくろ一等兵」と「のらくろ上等兵」は、子どもたちのお気に入りのマンガでした。母と一緒に歌っていた「赤い靴履いてた女の子」は歌われなくなり、「お山の杉の子」の歌詞の最後は、いつの間にか「大きくなって国の為、お役に立って見せまする」に変わっていました。

大声を張り上げて歌っていた「トントントンカラリと隣組　障子を開ければ顔なじみ　回してちょうだい回覧板　教えられたり教えたり」が、隣近所の見張りと密告のためにつくられた隣組制度の歌だったと知ったのはごく最近のことです。ラジオからよく流れてきていた「海ゆかば」の歌は、哀愁を帯びたメロディーと美しい歌詞とで聞く人の感情を揺さぶりましたから、雑誌の表紙や口絵で見る南の島々で戦っている兵隊さんたちの姿と重ね合わせてほとんど涙ながらに口ずさんだものでした。

数え上げればきりがありません。あの時代は遊びも学びも生活のすべてが戦争のためにあり、子どもも大人も戦争へ戦争へと誘われ駆り立てられていったのでした。

私が小学校へ上がる前年の一九四〇（昭和一五）年には日本建国二六〇〇年を祝う盛大な儀式が国を挙げて行われました。私が通っていた静岡市立安西小学校には、かつて後醍醐《ごだいご》天皇に忠誠を誓ったとされる楠木正成《くすのきまさしげ》（一二九四～一三三六年）の銅像が建立されました。当時の学校記録には「尽忠大楠公の銅像を朝夕仰ぐを得て一千五百の児童至誠奉公の誓いいよいよ固し」とあります。子どもたちは正成親子を称える「青葉茂れる桜井の」という唱歌を教えられ、天皇に忠誠を尽くす精神を鼓舞されたのでした（この銅像は三年後の一九四三年、戦車や軍艦にするために供出させられたそうですが）。当時の静岡市教育振興精神として、「皇紀二千六百年、今ヤ祖宗肇国《ちょうこく》ノ理想ヲ思ヒ、一億国民斉シク起ッテ大政翼賛ノ完遂ニ努ム。」とあり、皇国の少年学徒たる子どもたちに真っ先に「皇室ヲ尊ビマス」と誓わせています。

この頃、学校をあげての神社参拝や、はるか東京にある宮城（皇居）や靖国神社を拝む「遥拝」の儀式は定期的に行われました。年中行事では、元旦には宮中の行事に倣って四方の諸神に拝礼する「四方拝」と「教育勅語奉読」の儀式、二月には日本の建国を祝う「紀元節」、四月には天皇の誕生日を祝う「天長節」、一一月には明治天皇の誕生とその遺徳を偲《しの》ぶ「明治節」の儀式がありました。そしてそれぞれの祝日には祝日の歌が歌われ、「君が代」に合わせての国旗掲揚、遥拝と一連の儀式が続き、子どもたちは紅白のお饅頭を貰って帰ったものでした。

安西小学校で行っていた毎月の行事は、一日は「興亜奉公日」で国旗掲揚、遥拝、訓話、教育勅語奉読、神社参拝、一五日は国旗掲揚、遥拝、訓話、勅語奉読、兵隊さんへの慰問文発送、二二日は教育勅語の奉読となっていました。天皇と皇后の写真（御真影）の前での教育勅語の奉読はかなり頻繁に行われ、子どもたちは字も知らず意味もわからないままに、「朕オモフニ我カ皇祖皇宗　國ヲ肇ムルコト宏遠ニ　徳ヲ樹ツルコト　深厚ナリ　我カ臣民　克ク忠ニ克ク孝ニ……」と諳《そら》んじていました。姿勢を正して聞く勅語の奉読は長くて辛かったのですが、最後の「明治二十三年十月三十日　御名御璽《ぎょめいぎょじ》」でホッと一息ついたものでした。大きくなってから、何かしゃべっていて話の終わりに「御名御璽」と言って楽しんだりしましたが、あの頃そんなことを言ったら不敬罪になったことでしょう。

一九四一（昭和一六）年から、小学校は「国民学校」と呼ばれるようになり、いよいよ皇国民教育が徹底されて行きました。その直前の三月に配られた安西小学校の後援会誌『学校と家庭』には、国民学校制の実施は「皇国民の錬成を目指した画期的な大改革」であり、その目的は「初等普通教育が皇国の道に則って忠良有為な次代大国民を養成すること」だという旧後援会長の言葉が載っています。

次の新後援会長および学校長の言葉にも、皇民に仕立てあげていくための教育とその時代背景がよく表れているのではないかと思います。

「……思うに近時我が国運の進展と、当面せる非常時局とに伴い国民普通教育も其の充実を期するの声高く従って国民全部の受くべき小学校教育は基礎教育として一入其の重大性を加えました。文部当局をはじめ国を挙げてこの方向を見直しつつあるの感を深く致します。尚又御承知の如くこの四月よりは國民学校制度が実施せられて名実共に皇国民修練の道場たらしむる事となりました。学校当局の責任も重く且つ運営の苦心亦《また》察するに余りある所であります。……」（新後援会長）

「昭和一二年七月シナ事変の勃発により茲《ここ》に満三年八か月、一億同胞はお互いに強い感激に終始して参りました。子供としても相当に精神上に影響を受けている様に思います。戦勝の旗行列提灯行列、出征兵の勇ましい見送、陸軍病院の慰問、神仏の祈願、戦地への通信、英霊の悲しき凱旋、物資の節約代用品使用等により愛国意識を高め帝国臣民として強い感化を受けつつある次第でありまして、これらの教訓は次代の日本に貢献するところ大なるべく以て幾多尊き犠牲に報ゆる處《ところ》あるを信じます。……」（校長）

以上の短い文章からも、時代背景はもちろん、当時の初等教育が目的としたところがわかるだけでなく、時の権力におもねり、追随し、皇国民に育て上げる努力をせざるを得なかった大人たち及び教育者たちの苦心と苦悩も窺《うかが》われるのではないでしょうか。校長先生の文章は少なからず情緒的に感じられますが、先に挙げた「海ゆかば」の歌といい、荘重な儀式や勅語の奉読など、感性・感情に訴えられる部分が多く、素直で柔軟な子どもたちの「心」は揺さぶられ、次第に支配されて、巧みに皇国史観に沿った考え方、生き方に染められていったことも想像に難くないと思います。

ところで、当時いったいどれほどの人が自分の考えを持ち、主体的に物事を考え判断し、時の潮流に抗って行動することが出来たでしょうか。私の父は市井《しせい》の一商人でしたが、よく学び、深く考え、時代の動きにも敏感で、冷静に行動する人でした。ところがその父が、この頃こんな短歌を詠んでいるのです。

大君のみ召しのままにわれ征かむ友征きてわれも征くがにおもほゆ

当時の学者、知識人、文化人と言われていた人々や芸術家の多くが、そして確固たる信念を持って生きていたと思われた宗教家や宗教の指導者たちまで、大方が皇国史観を容認するようになっていきました。もっともらしい大義名分をかざして迫りくる時の権力に抗うことは難しく、やがてはおもねり、追随するようになり、戦争を肯定し、加担せざるを得ないように追い込まれ、時流に飲み込まれ、協力さえしていった――信じ難いのですが、彼ら自身の多くが認めているところではないでしょうか。他方、自らの信念に忠実であろうとし、懸命に時流に抗おうとした人々がいたことも事実です。しかし、彼らの思想や行動は、封じられ、弾圧され、抹殺されていったのです。

しばらく前のあるグラフ誌に、「この戦争は多くのウソで固められていましたが、戦争そのものはウソではありませんでした」とありました。戦争に突き進んでいく中で、戦争の本質を見抜いていた大人はそれほど多くいなかったと思います。あからさまに自由を奪われ、強制的に従わされていったのですけれど。

それは、初めはほんの少しだけうっかり手足を蜘蛛《くも》の巣に引っ掛けただけの羽虫が、やがて全身からめとられていくのと似て、ほとんどの人は、それと気づかないうちに、あるいはぼんやりしているうちに、次第に自由を奪われ、すっかり自分の足で立てないようにされていったのではなかったでしょうか。自由な「個」である人間が人間であることを巧妙に奪われていったのは、大人も子どもも同じだったのではないかと思います。

2　戦時下の私の日々

私が小学校へ上がる少し前、シンガポールが陥落したということで、街中が熱気に包まれて、夜遅くまで提灯を掲げて人びとが街を練り歩いた光景がいまでも瞼《まぶた》の裏に焼き付いています。日本軍がジャワ島に上陸したとか、ラングーンを占領したとか華々しいニュースが毎日届いていました。

小学校は「国民学校」と呼ばれるようになっており、国民学校での教科の筆頭は「国民科」で、まず修身、つぎに国語でした。修身の内容は覚えていませんが、『こくご』で最初に習ったのは「サイタ　サイタ　サクラガサイタ」と「ススメ　ススメ　ヘイタイサンススメ」だったと思います。

その頃、父が知己を得ていた歌人の川田順氏が「ブーゲンビル島の陥落おめでとう」という葉書を私に下さったことがあります。私は、お礼に連合艦隊司令官山本五十六の絵を描いて川田先生に送りました。当時、小学生のために出ていた月刊誌『小国民』には日本が戦果を挙げていることを強調した記事が写真入りで載っており、日夜、兵隊さんたちは苦労して戦っている、だから子どもたちも辛いことにも耐えて戦争に勝つまでは何もほしがりませんというようなことばかり書いてありました。私はその雑誌に載っていた白い軍服姿の山本五十六元帥を得意になって模写して川田先生に送ったのでした。先生は非常に喜ばれ、私の絵を吉井勇氏（歌人）にも見せたところ吉井氏も感動していたと礼状にありました。

国民学校で一番印象に残っているのは、校長先生の「戦陣和歌」の朗詠です。朝礼を済ませて教室で席についていると、やがてマイクを通して校長先生の感情がいっぱい込められた荘重な和歌の朗詠が聞こえてくるのです。生徒たちは直立不動の姿勢でその朗詠を聞きました。毎朝聞かされましたから、「山は裂け海はあせなん世なりとも　君にふたごころわがあらめやも」という短歌を今でもはっきり覚えています。この短歌は、どんな状況になっても身命を賭して天皇陛下に忠誠を誓いますという意味だと先生は説明して下さいました。

このように子どもたちは感情移入によって心が支配されていきました。何もわからずとも天皇に対する忠実な皇民、小国民に育てあげられていったのです。

戦況と父の出征

一年生の時はランドセルを背負って学校へ行ったと思いますが、二年生の頃からは肩から斜めにかける手作りの布製カバンと防空頭巾を交差させて学校へ行くようになりました。服もモンペになりました。母は服にもカバンにも防空頭巾にも住所、氏名、年齢そして血液型を書いた名札を縫い付けてくれました。

その頃は日本軍は南の島々で次々に戦果を挙げているとかいう華々しいニュースが毎日のように届いていました。しかし、私が三年生になった時、サイパン島から帰国してきたという、小太りで大きな目をした男の子が転校してきました。日本は南方の島々を次々と占領しているというのに、その子は戦争が激しくなってきたので逃げてきたというのです。

近所の多くの家庭では、お父さんやお兄さんたちは出征して戦地へ送られていて家にはおりませんでしたから、残された女性や子どもや年寄りは大変でした。ある家庭には戦死の公報が入り、遺骨になって白木の箱に入って帰ってきた人もいました。家々には、「出征兵士の家」とか「英霊の家」という貼り紙が貼られていました。でも、痩せっぽちでもう三四歳になっていた父には、まだ召集令状が来ていませんでしたから、私たち家族は、何とはなしに肩身が狭い思いをしていました。

そんな私たちの家にも遂に赤紙が来ました。一九四四（昭和一九）年八月のことでした。その時、私は、父がとうとう戦場へ出て行かなければならないという不安と、「やっと赤紙が来た」という一種の安堵感が胸の中で交錯したのを覚えています。

父の出征の前日に、母と祖母は木綿の布を持って近所の家々を回りその布を一針ずつ縫ってもらいました。それは千人針といい、一針一針縫ってもらったその布を腹に巻いていると、敵の弾に当たっても死なないと言われ、出征兵士への最高の贈り物とされていました。出征の日の朝、父はカーキ色の国民服、国民帽、それにゲートルというのを足に巻いて、まるで別人のような姿で家の前に立ちました。
近所の人びとが、日の丸の小旗を持って次つぎにやって来て、「おめでとうございます」と挨拶をしました。皆の見守る中、母は「尽忠報国」と黒々と書かれたタスキを父の肩に掛け、祖母はそっと父の手に「奉公袋」と書いた袋を渡しました。すると父は急に直立不動の姿勢をとり、右手をあげて敬礼し、正確な言葉は覚えていませんが、「栄えある召集を受け、本日入隊することになりました。お国のために滅私奉公して参りますから、みなさんもしっかり銃後を守ってください」というような挨拶をしました。そして、見送りの人びとと、同じ日に入隊する近所のおじさんと一緒に「武運長久」を祈るために浅間神社へ参拝し、そこから静岡駅まで歩いて行きました。子どもたちは万歳を三唱してから学校へ行きました。

戦況は悪化していたけれど……

父が出征したのは一九四四（昭和一九）年八月一九日でした。私にとっては夏休み中の出来事でしたが、夏休みが明けてから、学校では毎日どんな勉強をしていたのか、私には記憶が全くありません。友達と遊んだ記憶も残っておらず、末の妹のお守りをしていたことだけを覚えています。
父が出征してから、母には家を守り家族を養う責任が重くのしかかっていたでしょうが、大

お母さんの竹槍訓練

人も子どもも何が何でも戦争に勝たなければならないという必死の思いに駆り立てられて毎日を送っていましたから、寂しがっている暇などなかったように思います。食べる物も着るものも生活に必要なものは店からは消えて行き、配給制度になって配給切符（チケット）で買うようになりましたが、品物は手に入らなくなっていました。

私たちが学校へ行く時間に、母たちはモンペをはき、竹の先をとがらせた竹槍というのをもって近所の寺へ集まっていくようになりました。ある日寺へそっと見に行くと、女の人たちが「ぶっ潰せ、米・英！」と叫びながら藁《わら》で作った人形をぶすぶすと突き刺していました。敵が上陸してきた時にやっつける訓練だったそうですが、それほど戦況は悪化していたのでしょうか。

一九四四（昭和一九）年の暮れ頃から、静岡市街の上空にも敵機が襲来するようになりました。子どもたちは毎朝集まって一緒に登校するのですが、学校へ行く途中に敵機の襲来を知らせる「警戒警報発令」のサイレンが鳴ると、急いで防空頭巾を被りすぐに帰宅します。

家に帰ると家の人たちは床下に掘った防空壕の中に入って子どもたちを待っていました。防空壕の中では声をひそめて「空襲警報解除」の知らせがあるまでじっとしていましたが、やがて「敵機は飛び去りました。警戒警報を解除します」という知らせがあると、ぞろぞろと壕を出て、子どもたちはまた並んで学校へ行くのでした。敵機が襲来することは確かに怖いことでしたが、何時間か暗い壕の中で息をひそめて過ごした後、地上に出て友だちと一緒に並んで学

ススメ ススメ ヘイタイ ススメ
コイ シロ コイ

校へ行く時は解放感で心が弾んだものです。

夜になっても敵機が襲来するからと電燈の周りを黒い布や紙で覆って電燈の光が漏れないように細心の注意を払うようになりました。少しでも光が漏れていると警防団のおじさんが回って来て注意するのでした。

家の前には「防火用水」と書かれたコンクリート製の大きな容器が置かれ、家が燃えた時に消すための水がこの中に貯えられるようになりました。縄で作った火消し用の「火たたき」が各戸に配られ、火を消すバケツリレーの訓練が始まりました。

そして、ある日とうとう「強制疎開」も始まりました。強制疎開というのは、米軍機によって焼夷《しょうい》爆弾が落された時、類焼を免れるために強制的に家を取り壊すことでした。私たちの長年住んできた家はたった一日で壊されてしまい、私たち家族は裏の小さな借家と防空壕の中で生活するようになりました。母と祖母は、先祖伝来の、家族にとっての歴史的な品や、江戸時代からの記録、父の文学関係の本といった大切な品々を蔵にしまいました。

勇ましい戦勝のニュースがある一方、大学生たちまで戦争に動員され、中学生たちも工場に行かされるなど、巷《ちまた》には緊迫した空気が漂っていましたから、この頃、戦況は確かに悪化していたはずです。でも、秘密主義と情報の統制は徹底していたのでしょう、戦意高揚のためのプロパガンダばかりが流されていて警防団のおじさんや国防婦人会のおばさんに常に見張られているようにこども心に感じていました。子どもたちでさえ、うっかりしたことは口に出せない

防空壕にて

という警戒心がありました。

戦時下では情報だけでなく食べ物も着るものもすべて統制されていて配給でしたから、大人も子どもも生きるのに精いっぱいでした。そういうもとでは、たとえウソの情報であっても、信じ、従わざるをえないという面があったのではないでしょうか。そしてその結果として、多くの人びとが、時流に流されてしまったのだと思います。

3　静岡大空襲の日のこと

一九四五（昭和二〇）年の年が明けた頃から、日本のあちこちの都市に米軍の爆弾が落とされたという話を聞くようになり、静岡がやられる日もそう遠くないという声が囁《ささや》かれ始めていました。夜の燈火管制はさらに厳しくなり、電燈を黒い布で覆い声をひそめて食事をし、防空頭巾と救急カバンを枕元に置いてモンペをはいて寝るようになりました。

「清水港に敵の軍艦が現れ、艦砲射撃が始まり、米兵たちが敵前上陸をして攻めてくる」という噂が流れていました。近所の人びとは次々と大事なものを、わが家の蔵に入れてほしいと持ってきました。母と祖母はそれらを出来る限り預かっていました。母がバケツリレーと竹槍訓練に出掛けていく回数は多くなり、その顔はだんだん怖い顔になっていきました。

一九四五年六月一九日のことです。この日は昼間から敵機襲来、警戒警報発令のサイレンがたびたび鳴りました。私たちはそのたびに身支度をして防空壕に入りました。深夜防空壕に入っていた時、警戒警報解除の合図があったので防空壕から出て、私はお手洗いに行こうとした瞬間でした。母と祖母はちょうどモンペのひもを解きかけていました。辺りが突然、昼間のように明るくなり、家々が浮かび上がり、母と祖母の顔も姿もはっきり見えました。後から聞いたことですが、敵は、対象物に爆弾を命中させるために、まず「照明弾」を落として爆撃する対象物を浮かび上がらせるというやり方をしていたそうです。その照明弾が投下されたのでした。

真夜中のこの突然の照明は今も鮮やかに甦ってきます。照明弾で辺りが照らし出されるとすぐ、焼夷弾がばらばらと落ちてきて、やがて家々が燃え上がり始めました。それまで燈火管制を敷いていて暗闇だった街は、照明弾と家々が燃え上がる業火とで、全く違った様相を呈しました。

敵機は我が家の屋根すれすれまで降りて来て焼夷弾を落としましたから、我が家は燃え始めました。私は急いで下駄をはき、小さな夏掛け布団を掴んで姉と手をつないで浅間神社の方へ向かって走りました。

神社の前の防火用水の少し先のところで、赤ちゃんをおぶったおばさんが警防団のおじさん

防火用水

にビンタをはらわれ、防火用水のところまで引きずり戻され、そのうえ足蹴にされていました。火が燃えているのにバケツで水をかけないで逃げようとするのは「非国民だ！」と罵倒されていたのです。

私と姉は手をつないでその前を通り過ぎてドンドン逃げて行きましたが、その後おばさんと赤ちゃんはどうなったでしょうか。あの恐ろしい光景は今でも私の脳裏にしっかりと焼き付いています。

走りながら私の片方の足から下駄が脱げてしまいました。いったんはその下駄を拾ったのですが、とっさに下駄の重みで走るのが遅くなると感じて、その下駄を再び投げ捨てて走り続けました。夏掛け布団もいつの間にか無くなっていました。まさに命からがら逃げたのです。日頃から私たち家族は、逃げる時に母は赤子の光子を背負い、祖母は幼い妹の久子の手を引き、女学生の姉・雅子と小学五年の私は手を繋いで、たとえ離ればなれになっても浅間神社の麓にある小さな祠《ほこら》のところで落ち合うことを決めていました。

私は姉に手を引かれながら、「お母さんが死んじゃったよう！ おばあさんが死んじゃったよう！」と泣き叫びながら逃げて行きました。小さな祠のそばで久子を背負った祖母にやっと会えました。けれども、光子をおぶった母はいくら待っても来ませんでした。私は姉と手を繋ぎ、祖母の後について田んぼの中へ入っていき、あぜ道を山の方に向かってどんどん進んで行きました。

同じ方向に次から次へと人びとが逃げて来ます。でも、母は来ませんでした。臨済寺の少し先の大在家《おおざいけ》というところで家の小作をしてくれていたおじさんの家を避難場所に決めてありましたが、そこに着くとおじさんの家の庭はもう人でいっぱいでした。

それでもまだまだ人がやって来ます。おじさんの家の前には小さな川が流れていて、そこには蛍がいっぱい舞っていました。私はしばし我を忘れてほんのりと青白い光を放つ神秘的な蛍の美しさに見とれていました。

すると、そのほの明かりの中に、赤ちゃんを背負い、両腕を前に差し出すような格好の一人の女の人がシルエットのように浮かび上がったのです。「あっ、お母さんだ！」すぐにわかりました。母の顔と両腕は焼けただれて、割烹着の前の方は焼け焦げてぶら下がっています。「お母さん！」でも母にしがみつくことは出来ませんでした。母は黙ったままよろよろと小川の方へ進み、小川の中へ入っていきました。私たちも黙ったまま母を見つめていました。蛍の明かりで母の苦しそうな顔がときどき見えました。母は両腕を水に浸したまま、朝まで小川の中にいました。私は黙って母の顔を見ていました。蛍も見ていました。姉も黙って、遠くの焼け落ちていく建物を怖い目をしてじっと見ていました。

一九四五年六月一九日の深夜から二〇日の未明にかけ、静岡市はアメリカ軍のB29による焼夷弾の爆撃を受けました。「静岡大空襲」と呼ばれています。この大空襲で静岡市街の約八割が焼き尽くされ、およそ二〇〇〇人の市民が亡くなったそうです。直接戦争をしていたのでは

ない無抵抗の一般市民を殺す、まさに無差別殺人でした。その後二か月足らずのうちに日本は敗戦を迎えるのでしたが。

焼け出されたあとのつらい出来事

空襲を受けた翌日、母の実家の兄、私たちの伯父さんがリヤカーを引いて迎えに来てくれました。その途中、伯父さんはムシロに寝かされた黒焦げの三人の子どもたちの死体を見て、私たちの家族はみな死んでしまったのではないかと思ったそうです。

伯父さんは火傷で動けなかった母と妹の久子をリヤカーに乗せてリヤカーを引き、光子をおぶった祖母と姉、そして私はリヤカーについて七キロぐらいの道のりを伯父さんの家まで歩いて行きました。伯父さんの家に着いたその翌日、祖母は蔵が残っているかどうかを見るために再び歩いて焼け跡に行きました。夕方疲れた足を引きずって帰ってきた祖母は、「お蔵はしっかり残っていたよ」とほっとしたように言いました。でも、数日後に町へ行ってきた人から、あの蔵は祖母が帰ったあと三日目に火を噴いて崩れ落ち土の塊になってしまったというニュースが入りました。

大空襲で家を焼かれてから、私たちは伯父さんの家の離れに厄介になりました。医者もいないし薬もないので、母はただ両手を上げて油紙の上に寝ているだけでした。母の手足からは水がいっぱい出て、そのうち蛆虫《うじむし》が湧いてきました。

母のお乳が出ないので、私は毎朝近所のおじさんのところへ行って光子のために山羊のお乳をしぼってもらいました。山羊のお乳は薄緑色で草の匂いがしました。でも、光子の体はもう山羊のお乳も受け付けませんでした。ほんのちょっと飲んではゲブッと吐いてしまいます。そして光子はどんどん痩せていって七月二四日にとうとう亡くなってしまいました。

光子は亡くなってからすぐに火葬にすることは出来ませんでした。毎日死ぬ人が多くて火葬の順番がなかなか回ってこなかったのです。暑い夏の盛りで、光子の体の腐敗は早く、耐え難いほどひどい匂いが出てきましたが、どうすることも出来ませんでした。いとこの一人が大切にしていた香水を光子に振りかけてくれました。母は添い寝をするかのように光子のむくろのそばで幾晩も過ごしました。近所のおじさんが裏山の木を切って来て光子のために小さな棺《ひつぎ》を作ってくれました。

やっと火葬の順番が回って来ました。もう固くなってしまった光子の体は、棺に収められ、リヤカーに載せられました。親戚のおじさんがリヤカーの引き手を持ち上げると、みなが見守る中、私はリヤカーに登り棺に腰かけ、一緒に焼き場まで行きました。庭で出発を見送っていた久子はこっそりと泣いていました。祖母は「死んでしまったのだから仕方がないのだよ、泣かないように」といって久子をたしなめていました。

伯父さんの家はたいへん大きな家で、昔は庄屋さんと呼ばれていたそうですが、私たちが世話になっていた頃は村長をしていました。夕方になると、村の衆がこの家の広い座敷に集まっ

て、昼間、町で見てきたことを話し合ったりしていました。町は焼け野原だったとか、町と村の境にあった家に爆弾が落され、その爆弾がちょうどその家のおかみさんに当たり、おかみさんの首は吹っ飛んで近くの木にひっかかっていたという怖い話などでした。

こんな怖い話をたびたび聞かされたからでしょうか。久子は毎晩熱を出し、ひきつった顔で「怖い、怖い」と叫ぶようになりました。私たちが「何が怖いの」と尋ねても、ただ体をこわばらせて「怖い、怖い」と泣き叫ぶだけでした。

戦後五〇年余り経って、久子はやっとその頃のことを語ってくれました。怖い話を聞いた日は必ず怖い夢を見、夜になると毎晩天井から真黒な雲がもくもくと湧き出てきて怖くてたまらず、何が怖いのか聞かれても言葉にはできないでひたすら怖い気持ちでいっぱいだったそうです。

大やけどで寝ていた母の代わりに祖母が食事を作ってくれていました。祖母は久子を連れて山に入って山草を採ってきたり、土手にいって野草を摘んできたりして食べさせてくれました。久子はかまどにくべる薪《まき》を拾いに山に行き、或る時は自分の体よりずっと大きなミカンの枯れ枝を引きずって来て、「はい、木があったよ」といって私たちを驚かせました。たった四歳だった久子も、皆のために一生懸命に働こうとしていたのです。そのけなげな姿を思い出すと私は今でも感動せずにいられません。

その頃は、田舎にいても少しも安全ではなくなっていました。ある日私があぜ道を一人で歩

グラマンにお

いていた時、突然グラマン機が現れて私の方に低空飛行してきたことがあります。私はすぐにあぜ道に伏せてじっとしていました。すると飛行機は上方へ去って行きましたが、私が起き上がって歩き始めると再び低空飛行してきたのです。その時ほんの一瞬でしたが、私は操縦士の姿を見ました。どうして私は殺されなかったのか今でも不思議に思います。この日以来、私はあぜ道を一人で歩いていればいつ機銃掃射にやられるかわからないという恐怖心でいっぱいになりました。

4　敗戦の日を迎えてから

一九四五（昭和二〇）年八月一五日の昼近く、私が一人で伯父さんの家の前の山に登って行った時、村のラジオ放送の声が聞こえてきました。今から「玉音放送」が始まるので皆静かに聞くようにということでした。

玉音放送というのは、天皇みずから放送を通じて国民に話すということです。私は山の中腹にじっと立って放送を待ちました。声はほとんど聞き取れず、内容はよくわかりませんでしたが、なぜか戦争が終わったということだけははっきりわかりました。何か弾んだ心で、大急ぎで山から駆け下りて行くと、伯父さんと伯母さんは不動の姿勢で庭に立ち尽くしていました。

戦争が終わったというニュースは、私には何となく明るい解放感を感じさせるものでした。ずっと後になってから、私の姉は「この日は空が真っ青だった」ことだけを鮮明に覚えていると言っていました。

戦争が終わったと言ってもすぐに明るい日々が訪れたわけではありませんでした。村の小学校に通い始めましたが「町の子」といっていじめられました。学校の帰りには数人の子どもたちが川のほとりの草むらに隠れて私を待ち伏せしていて、私がそばを通ると子どもたちはわっと飛び出してきてカバンをもぎ取って川の中に投げ込んだのです。この頃、私の顔や腕にオデキが出来ており、これは栄養が悪かったからだそうですが、友だちは「デキモノカス！」と大声で私をからかい、石を投げつけたりしました。私は夜たびたびオネショで布団を濡らしました。

戦争が終わってしばらくしたある日、祖母と私は下駄履きで約四キロの道を歩いて焼け跡を見に町へ行きました。話に聞いていた通り、私たちの家は言うまでもなく、大きな蔵は完全に焼け落ちていて、僅かに土台の部分だけが残っていました。近所の人から預っていたものもみな焼けてしまいました。でも小さいほうの蔵は焼け野原に一つポツンと立っていました。元々ボロの小さい蔵でしたからたいしたものは入れてありませんでした。

その後、しばらく経ってその蔵を開けた時、アッと驚きました。米軍の焼夷弾が屋根を突き破って落ちていたのです。それは階段の一番下のところに寄りかかるようにして落ちており、私にはそれがまるで子どもがそこで死んでいるかのように見えました。でもその焼夷弾はまだこれから爆発するかもしれません。私たちは怖がって、長い間、蔵をそのままにしておきました。その後、焼夷弾の筒は大事にとっておかれましたが、戦後二〇年ほど経って新しい家を建てる時誰かが何処かへ持って行ってしまったか捨ててしまったかで残念ながら今は残っていません。

伯父さんの家には一年近くお世話になりましたが、親戚の方が焼け跡にバラックを建ててくれましたので、私たちは町へ戻って来ました。蔵の焼け落ちた土に祖母はさつま芋やジャガイモを植え、カボチャやそば、キュウリやトマトの種なども蒔きました。焼け跡の土はとてもよく肥えていて野菜はぐんぐん成長し、カボチャやそばの花は本当にきれいでした。でも、夜中にお芋を掘られたり、カボチャを盗まれたりしました。私と妹は祖母の育てた野菜を戸板の上に並べて売りました。母も、ようやく動けるようになると、どこからかリンゴや飴を仕入れてきて、並べて売るようになりました。

焼け跡の小さなバラックでの生活は大変でしたが、自由で伸び伸びしており、わくわくするような体験もいっぱいありました。戦争が終わったばかりの頃は、アメリカ兵がやって来て何をするかわからないという噂が流れ、多少恐怖心はありましたが、それは火の海の中を逃げ惑ったり、グラマン機に襲われたりしたときの恐ろしさとは比べ物になりませんでした。台風が

新しい時代

来た時に、バラックの雨戸を全部締め切って、家の中でお化けごっこをしたり、布団をかぶって騒いだりしたことは本当に楽しい思い出です。いつの間にか台風が去って、締め切った雨戸の節穴から一条の太陽光線が入って来て、その光線の中に戯れる光のダンスを幸せな気持ちいっぱいで、うっとりと長い間眺めていたことを懐かしく思い出します。

学校も始まりました。安西小学校の教室は焼けてしまいましたが、鉄筋コンクリートの部分だけは残りました。それで戦後の一、二年ぐらいの間は運動場で勉強したり、水のないプールで式をしたりしました。青空の下での勉強でしたから私たちは青空教室と呼んでいました。

子どもたちは再び近くの神社で暗くなるまで遊べるようになりました。夕飯の後、子どもたちはまた通りへ集まって石蹴りや隠れんぼをして、親から「寝る時間ですよ」と呼ばれるまで遊びほうけました。その年の暮れから、夜になると、子どもたちが拍子木を打ち鳴らして、「火の用心！　チャキチャキ！」と並んで町内を歩くようになりました。大人も子どもも一緒になって戦後の復興に励んだ中で、「火の用心！　チャキチャキ！」は子どもたちにも出来た楽しくて活気に満ちた平和への最初の歩みだったと懐かしく思い出します。

こんな体験を通して、今さらながら私は、人間の幸せはとても単純な日常の中にあることを思います。そして、戦争は、人間からささやかな日常の幸せを、日常自体を奪うだけでなく、人間から人間であることを、人間自身を奪うことだと痛感します。戦争の最たる残酷さはそこにあると思います。

広島の原爆詩人・峠三吉は「ちちをかえせ　ははをかえせ　としよりをかえせ　こどもをかえせ　わたしをかえせ　わたしにつながる　にんげんをかえせ」と叫びました。戦争は絶対してはいけない、始めてはいけないのです。

5　二年後の父の復員

戦争が終わってから二年余りが経っていました。焼け跡に戻った私たちは小さなバラックで肩を寄せ合って暮らしており、私は一一歳になっていました。一九四七（昭和二二）年一〇月三〇日、秋晴れの日の午後、学校で国語の勉強をしていた時でした。私は先生から突然名前を呼ばれました。先生は、「お父さんが帰って来たからすぐ荷物を片付けて家へ帰りなさい」とおっしゃいました。

出征してから三年余り、何の音沙汰もなく生死もわからないまま待ちに待っていた父です。父が帰って来る。本当だろうか。一年生の教室へ妹を迎えに行き、二人は一緒に走って家へ帰りました。

家に着くと家の前にだらしなくリュックサックを背負い、重そうな軍靴を履き、膨れ上がった青白い顔に焦点が定まらない目をした男の人が立っていました。この人が三年前に神社で見送ったあの父なのでしょうか。何日も沈黙の食事が続きました。小学一年生になっていた妹の久子はどうしても「お父さん」と呼ぶことが出来ず、こっそり「とっとん」と呼ぶだけで随分長いこと父になつきませんでした。

父は関東軍独立歩兵守備隊の一兵卒として中国へ送られましたが、一戦も交えることなくハルビンで日本の敗戦を迎えたそうです。そして、間もなくソ連軍の捕虜になり、シベリア各地を転々として強制労働をさせられていたということです。

シベリア抑留中に父はこんな短歌を詠んでいます。

いずこへ向かう列車ともわれら知らされず先を争いて乗りし無蓋車

今日の陽は秋草原にあまねくて戸板よりおろす屍一つ

この国に来向う冬を嘆きつつ長き苦役に就かんとぞする

凍らんとする湖に足浸す貨車に起き臥し萎えたる足を

帰ってきた父

次の文章は、復員して四、五年たってやっと元気を取り戻した父が書いたものです。

「〝幾月かここに留めおかれし葉書にて三年前にわが光子死す〟

一九四七年の晩秋、私は舞鶴に入港した。海を抱いた山は松のみどりの間々に紅葉をまじえて、碧く澄んだ空には鳶が輪を描いていた。何年ぶりかで見る日本的風景であった。胸をとどろかせながら上陸したわたしを待っていた一枚の葉書があった。それは、幾月か前に留守宅の妻から、いつ帰るか当てのない私に宛てたものであった。その葉書によって私は初めて光子が三年前に死んだということを知った。光子は当時私の一番末の子であった。光子が生まれて間もない頃、赤紙一枚で呼び出された私は三日目には鉄砲を担いで海を渡っていた。

（中略）

〝幼子を死なせしことを詫びていう妻の双手も焼けただれたり〟

昔の面影を何一つとどめていない焼け跡のバラックに帰った私は、光子を死なせたことを詫びる妻の両手からしばらく目をはなすことが出来なかった。両手の皮膚が肘のあたりまで皺《しわ》くちゃにひきつってところどころ卵の白みのように光っているではないか。

はじめ、妻は片方の手でそれを隠そうとしたのであるが、両方ともそうなっているのでそれは無駄であった。（中略）妻は両手ばかりでなく、両足もそのようになっていることを言って、片方の足を私の前へ出して見せた。くるぶしのあたりがまっ白になって光っている。

新日本出版社 話題の本

いま絶対お勧めの巨樹

千年の命 巨樹・巨木を巡る

自然の象徴といえる日本の巨樹・巨木。そのスペシャリストである著者が会ってきた3300本から厳選した写真で紹介。

高橋 弘

B5判変型／158頁

定価：本体2700円＋税

（中略）「もうほんとうに戦争はいやですね」という妻のことばに私はもう一度、焼けただれたその両手を見た。」

母は妹の光子を死なせたこと、火傷で醜い体になったこと、父の大切な蔵書をすべて焼かれてしまったことなどを父に謝りました。けれども、光子が死んだのも母があのような体になったのも、蔵書を失ったことも母のせいではありませんでした。

父がシベリアで強制労働をさせられたことも、すべては戦争のせいでした。戦争は人間を殺し、傷つけ、庶民の平凡な日常を奪い、心にも体にも深い傷を残します。それでも生き残った人たちはまだよかったのかも知れません。あの戦争で死んだ日本人は三一〇万人、犠牲になった他国の人びとは二〇〇〇万人余りと言われています。

6　生き残って考えること

一九三一（昭和六）年の「満州事変」に始まり、一九四五（昭和二〇）年の敗戦に至る道、一五年にも及んだあの長い戦争の狭間に、私は生まれ育ちました。私が生まれた時には戦争は既に始まっていましたが、あの戦争の間、主権者は天皇であり、国民には人権も主権もありませんでした。天皇は神であり、国民は天皇の赤子《せきし》であり皇民でした。日本は天皇の国・皇国であり、日本の軍隊は皇軍でした。この「皇道の大精神」に則り、日本軍は満州全域を占領し、中国の各地域を掌握し、アジアの民衆を解放し繁栄させるとして次々とアジア諸国へ侵攻して行きました。このような状況の下で、皇民たる国民の義務は天皇と皇国の為に生まれ、生き、働き、戦い、そして死ぬことでした。

あの戦争の間、まだ幼かった私は自分の人権が奪われていたこともわからなかったし、それを意識することもありませんでした。そのように思い込まされ、教育され、生活させられていたのですから。

しかし、敗戦後間もなく中学生になり、物事を自分で考え、判断し、自由に行動できるようになった頃から、自分だけでなくすべての人に人間としての尊厳があることに目覚めはじめました。中学校に入学して間もない一九四七（昭和二二）年五月三日、新しい日本国憲法が施行されたのです。その憲法は主権が国民にあり、どんな人にも基本的な人権があることを高らかにうたいあげたのでした。そして私は、成長するにつれて、人間が人間であることの尊さ、深さに圧倒され続けてきました。

あの戦争で、計り知れない惨禍を経験した反省と痛恨の極みから生まれ、私たちが抱きとった日本の新しい憲法、この憲法の根底には人間の尊厳に対する畏敬の念とも言える信念が息づいていることに感動しています。何よりもまず、この世に生を受けたすべての人に生きる権利があること、国民一人ひとりが自由で平等であることをうたった「基本的人権」の宣言です。国民は誰も自分の思うことを言い、自分の好むところに住み、自分の望む宗教を信じ、教育を受け、政治に参加する権利を持ち、それらが保障されているのです。

そして、日本はこれから先、戦争をするためのものは一切持たない、他国に戦争を仕掛けることも一切しないという非戦を誓ったのです。日本国憲法には人間の尊厳に対するどれほど深い洞察と、平和に対するどれほど熱い希求が込められていることでしょうか。

ここまで自分のささやかな戦争体験を通して、戦争中日本の国民はどのように人権を奪われていったかを語ってきました。今を、そして未来を生きる人々が、どんな人も人間としての存在自体が尊く、生きるに値するいのちを与えられていることを自覚し、自分とすべての人の「人間としての尊厳」を何よりも大切にしてほしいからです。そして、それをうたった私たちの憲法がどれほど高貴なものであるかを理解し、世界の宝とも言われるこの平和憲法を生き、生かし、守り抜き、世界平和の構築に貢献していって下さることを心から念願しているからです。

二〇一六年三月一一日、禮子が急逝し、初校段階からの校正責任が親族の手に残されました。不遜・勝手な判断で、未熟成と思われた部分を、削除・移動させていただきました。若くしてカトリックとなり、そうあり続けた禮子をカレーズの会に繋いだ、心の中の風景を示す、ほぼ一〇年前の文章を親族の一人が発見しました。私達としても、「ああそうだったのか」と思わせるところがありましたので、本体と重複する部分がありますが、末尾に挿入させていただきます。

親族を代表して長倉敏

(『短歌で読む静岡の戦争――長倉智恵雄さんの人生とともに』二〇〇四年、静岡平和資料館をつくる会、より転載)

命からがら浅間山の麓までやっと逃げてきて、後ろを振り返った時、静岡の街は夜空を焦がして真っ赤に燃え上がっていました。ふと気がつくと、目の前の小川のほとりには青白い光が点滅しながら飛び交っていました。と、そのほのかな光の乱舞の中に、両腕を前に差し出したまるで幽霊のような姿が突然ふらふらと入り込んできたのでした。顔から両手両足にかけて前半身が焼け焦げ、ぐったりとした赤ん坊を背負ったその人は、他でもない私の母でした。今から五九年前の六月一九日の深夜のことでした。

一九四五年六月一九日の深夜から二〇日の未明にかけて静岡はアメリカの爆撃機B29の襲来を受け、焼夷弾によって街の約八割が焼き尽くされました。火傷の母の体からはうじ虫がわき、母は授乳ができませんでした。そのため、妹は栄養失調になってやがて死んでいきました。その三週間後に戦争は終わったのでした。

戦争が終わって二年目の秋、父はシベリア抑留から復員してきました。重いロシア靴を履き、汚いリュックを背に、水ぶくれした顔にどろんとした目で立っていた父を、私はどんな気持ちで迎えたのか覚えていません。でも、「お留守中に光子を死なせてしまって申し訳ありません。あなたの大切な本も全部焼いてしまいました」と両手をついて謝った母の姿は今も目の前に浮かびます。「妹が死んだのも、お父さんの大事な本が全部灰になってしまったのもお母さんのせいではない。B29が落とした焼夷弾で大火傷まで負ったお母さんが、なぜごめんなさいと言わなければならないのでしょうか。」わたしの心の中にはこんな思いが交錯していたと思います。

私が生まれた時には戦争は既に始まっていました。一体、誰が、なぜ、どのようにして、この戦争を始めたのか私はずっと考え続けました。最近のアフガンやイラクでの戦争の始まりやその後の経過を、メディアを通して見ていますが、私は自分の幼児体験をフラッシュ・バックしながら見たり聞いたりしているのです。すると、戦争がどのようにして始まっていくのか、ある程度解ってきたような気がします。人が自分の考えを中心にしてそれに固執し、他人の言葉に耳を傾けなくなり、周りの人々や状況が見えなくなっていく時に、どうも戦争というものは始まっていくようです。そしてどの戦争にも、富や権力に対する人間の飽くなき欲望や野望が見え隠れしています。今日、私たちはアフガン戦争やイラク戦争が人類の数千年の歴史と文化を破壊し、多くの人の命を奪っていくのを見せつけられています。戦争は命の破壊、文化の破壊、心の破壊、死そのものであることを痛感します。人を殺し、すべてを破壊しておきながら、その復興への協力をというのは何と空々しく、何と空しいことかと感じます。

私たちは自分の生まれてくる時代を自ら選ぶことはできません。でも、生まれてきたことによって命を受け継いだのですから、命への愛、森羅万象への愛、文化への愛を更に発展させ、平和な時代を次の世代に譲り渡していくことはすべての人間の義務ではないかと思います。今から二十数年前、平和の巡礼者として広島を訪れたローマ教皇ヨハネ・パウロ二世は、「過去を振り返ることは、未来に対する責任を担うことであり、人間の尊厳を守ることこそが進歩の尺度、平和の保証である」と言われました。命への畏敬と愛を育み、文化を構築していく強靱な思索と意志を、まず自分自身が持つことから始めなければと思うのです。

（二〇〇四年三月一日）

第2章　アフガニスタンの戦乱はどこから来たか

レシャード・カレッド

五月《さつき》は新緑が爽《さわ》やかで、鮮やかな緑色が目の保養となるだけでなく、放つ香りがどこか遠い天国を思わせる気配さえ感じさせてくれることがあります。特に、昨今は春のつらい花粉症の時期が終わり、五月はよけい空気の爽やかさを感じることがあるのではないでしょうか。しかし、雨が多く、常に緑豊かな木々が聳《そび》え立つ山々が多い日本では、むしろ新緑の価値が過小評価されることがあります。自然を楽しむ心と余裕はやはり人誰もが常に必要とし、人生の上で不可欠なものだと思います。

二〇〇七年五月、アフガニスタンのカンダハール州に国際ボランティアを目的に行ってきました。長年の旱魃《かんばつ》の影響でその前の年までは荒れた大地が、前年の大雪や多量の雨のために緑豊かな草原に置き換わり、木々は精一杯深呼吸をするかのように枝を伸ばし、鳥達の囀《さえず》る声が楽しく歌える晩餐会を開いているかのようでした。麦畑は秋の実りを約束し、長期の空腹感を克服することの夢を見させていました。農園にはこの時期しか見られないざくろの花が鮮やかな紅色を輝かせ、香り豊かな花々が美しさを競っていました。

この時期だけに、アフガニスタンの人々はこの緑や花、木々の美しさを精一杯満喫するよう、田舎に繰り出して木陰の下でピクニックを催し、その会場で音楽会を開くとともに詩を読み、詩の朗読会を開催し、競い合うように詩比べを行います。音楽会では歌い、語り合うことを楽しむようにしています。

地域によって異なった花や木が繁るために、地域毎に祝いごとを楽しむ花や催し物が違っています。カンダハール地域ではざくろの花の時期は五月頃であり、ナングラハール地域ではオレンジやみかんが多いために一〇月頃にオレンジの花の集いが開かれます。また北部のマザリシャリーフ周辺では、三月頃に草原を染め飾る真っ赤な花アルガワーンの美しさが、遠くから人々を集わせ、多くの楽しい縁を作り上げます。平和な時代にはこれが人々の交流のパターンであり、互いに友情を確かめ合う場でもありました。

日本には桜の咲く頃、花見という習慣があり、桜の木の下でお酒を飲み、歌い、楽しむことは古くから行われています。秋にはぶどう狩り、栗拾い、芋掘りなどの楽しい行事と遊びがあります（忙しさにかまけてこのような風流な遊びも楽しい集いも遠く昔話になろうとしていますが）。アフガニスタンの人々の素朴な振る舞いを見ると、もう一度、日本でも、素晴らしい自然を満喫することができる心の余裕がほしいと思います。

カンダハール郊外でのぶどうの収穫。アフガニスタンでは多くの果物がとれる

近年アフガニスタンでは、緑の豊かさや豊富な水の素晴らしさには滅多に出合わないので、人々は見つけたこの機会を精一杯楽しみ、羽根を伸ばすことにしています。長いつらい戦争、内戦、飢え、避難、そして屈辱感を、暫しの素晴らしき春の美しさで忘れようとする気持ちから自然を積極的に利用し楽しむことにしているのでありましょう。春と緑や自然を心の底から楽しむ余裕が近代人には少ないこの頃だけに、素晴らしい試みであるとあらためて感心した次第です。

アフガニスタンには、平和な時代がありました。町には音楽が、田舎には鳥の囀る声が聞こえ、目を見張るような、見渡す限りの花畑が広がっていました。カーブル（日本ではカブールと表記されますが、本書ではアフガニスタンの言葉に即しカーブルと表記します）からカンダハールまでの長い道には広く長く乾燥した地帯があります。筆者は子ども時代に、春ころにこの経路を旅することが大好きでした。遠くまで見える範囲内に自然のチューリップが咲き乱れ、鮮やかな色が目に眩《まぶ》しいくらいでした。

また、北部では草原が、天国のように聳える丘々を絨毯《じゅうたん》のように覆っていました。アフガ

旧ソ連軍の侵攻で破壊される前（上）と後（下）のカーブル市内（アフガニスタンの絵葉書）

ニスタンは鳥の数では世界でも有名で、ギネスブックにも載っています。しかし、この鳥の豊富な国においても、アメリカの空爆（二〇〇一年の報復戦争）直後に訪れたときには鳥を一羽も見ることができませんでした。戦争がいかに自然を破壊し、動・植物を抹殺するものか――戦争は人間がつくった悲劇であることが、よくわかりました。

バーミヤンの中央部に広がる濃い青い色の湖はバンデイ・アミールと呼ばれ、人々の安らぎの場となっていました。河川にはせせらぎがあり、夢を育む未来への流水が流れていました。地下水脈はカレーズと呼ばれ、人々の命の源であり、古き良き時代の高い技術の産物でもありました。

長い戦争によって、破壊されたこれらの自然の恵みがもう一度蘇ることを念願し、次世代のアフガン人に、もう一度彼らの先祖達が見たままの美しい国を見させたいものです。

1　侵略にさらされてきた歴史

アフガニスタンは中央アジアに位置し、日本の約一・七倍の面積を有し、人口は約三〇〇〇万人と推定され、基本的には農業国であり、国民の約八割が農業に従事しています。中央部に標高約六〇〇〇メートル級のヒンドゥクシュ山脈が連なっていて、その万年雪の恩恵を受けて中間地帯に豊かな農村地域、森林、草原地帯を有していました。しかし、長年の戦禍と環境破壊によって現在はこの自然の構造が破壊され、砂漠化が急速に進んでいます。

アフガニスタンはこの豊かな自然に加えて、古来より経済、政治、そして戦略的に重要な位置に存在し、種々の発展的な時代を営んできた一方で、周辺国や、時には遥かローマ、モンゴル、イギリスから、そして最近は旧ソ連や米国からも侵略を受ける悲しいエピソードを経験してきています。一九～二〇世紀のイギリスのインド支配の時代には、アフガニスタンはイギリスにより三度にわたり侵攻されました。一八九三年、当時の国王アブドゥール・ラフマンは、イギリスとの間で「デュランド・ライン」と呼ばれる英領インドとの境界を画定する条約に調印しました。イギリス側交渉団の代表の名をとったこの国境線は、現在のアフガニスタンとパキスタンの国境線にあたり、これによってパシュトゥン人の住むアフガニスタン南部の約三分の一がインド領となり、パシュトゥン族の居住する地域は二つに分断されてしまったのです。この条約の効力は一〇〇年と定められており、本来なら租借期限九九年だった香港やマカオと同じように一九九三年に破棄されるものだったのですが、第二次世界大戦後にパキスタンがインドから分離独立したため、この条約の期限が宙に浮いてしまったのです。

そして同地域は新たに建国を果たしたパキスタン共和国がその地域を支配することになりました。そして、一九九三年に返還時期を迎えても返還されず、現実を無視して現在もパキスタンが支配を続けています。これによって、アフガニスタン国民の大半を占めているパシュトゥン民族が永久的に分断される結果となっています。同部族は、その住み地に敷かれた国境線を認めず、自由に行き来をしています。未だに返還の話し合いや交渉は成立していません。そして、この問題が両隣国間の平和的な友好関係の妨げになっています。

この事実経過を理解しない限り、アフガニスタンとパキスタン間の国境の問題、テロ勢力によるこの地域の利用、そしてそれに対する米軍による無人機による無差別空爆の理由は理解困難です。

旧ソ連軍の侵攻とムジャヒディン

一九七九年、旧ソ連軍はインド洋で自由に使える港を開くことを狙って南下し、アフガニスタンに約一〇万の軍を侵攻させて侵略しました。当然アフガニスタンの国民は、さまざまな形でこれに抵抗し、ソ連のあやつる政権を拒んできました。しかしソ連の行動によって自由が束縛される中、国民の防衛のための戦いでは多くの犠牲者を出すことになりました。一方、米国をはじめ西側の大勢力は、インド洋における自由な開港、軍事的な戦略に有利になるチャンスを狙ったこの南下政策を許すわけにはいかず、アフガニスタンのムジャヒディン（自由戦士）が組織する反政府・反ソ連軍運動を積極的に支援し続けました。パキスタンやイランに逃れながらゲリラ戦を行っていたムジャヒディンに大量の武器を提供し、それを使いこなせるよう、各地域には訓練キャンプを設置しました。訓練兵の中にはアラブ諸国から参戦した者も含まれていました。

しかし、ムジャヒディンは一枚岩であったわけではありません。スンニ派七派、シーア派八派からなるムジャヒディンは、国内外において活動していましたが、シーア派はイランからも多くの資金や協力を受けていました。これが両派の分裂を強めました。分裂は、ある意味では闘争方針や進路・経路、攻撃手段の不統一を生むため、ソ連軍には察知しがたく、むしろソ連軍がその対応に苦労する結果にもなりました。しかし分裂は、ソ連軍敗退後のアフガニスタンの国づくりの進路にも、統一した方針が描けない要因をつくりだしてしまいました。

ソ連軍が撤退する一九八九年までの一〇年間に約一〇〇～一五〇万のアフガニスタン人と三万五〇〇〇人のソ連兵が犠牲者となってこの代理戦争が終わることになります。しかし二〇〇〇万個の地雷が取り残され、いまなお多くの犠牲者が毎日のように続出しています。地雷は道端、学校、田畑、山など一般市民の生活の場にまかれたままであり、日常の通勤、通学、農作業にとって著しい障害となっています。

ソ連軍撤退後の内戦

ソ連軍撤退後、パキスタンで活動していたムジャヒディンのスンニ派七派とアフガニスタン中北部で活動していたシーア派八派（後の北部同盟）がカーブルを掌握するために侵攻を開始しました。政権奪還を夢見る各派は、我こそが先頭に立つ集団であると確信し、互いに譲ることがありませんでした。

この無政府状態の中においてカーブルは、長年ソ連に対抗してムジャヒディンを支持していた米国やCIAから手渡されていた迫撃砲やミサイルを利用して攻撃され、破壊されました。地方においては各軍閥が猛威を振るってレイプ、略奪、殺戮《さつりく》を繰り返したため、住民のほとんどが国外か国内の避難民となりました。これによってアフガニスタン全土において四〇〜五〇万人の市民が犠牲となり、カーブルのみならず多くの都市が破壊されました。

しかし、国際社会はこの状況を静観し続けました。大量の武器や弾薬を提供し、ムジャヒディンを戦略的に訓練してきた国々は、その後の責任を果たすどころか、この残酷な内戦を煽《あお》り立てることさえしました。アフガニスタン国民はうんざりして、神以外に頼るすべもなく、ただひたすら天の助けを待ち続けるしかありませんでした。大国のご都合主義的な戦略がまかりとおり、弱国が当たり前のように犠牲を払う構図がここにも現れたのです。

しかし、このような残酷な状況が、不安定なアフガニスタンの地においてタリバーン政権の発足を招き、そしてアル＝カーイダの侵入につながることになりました。その後発生する九・一一事件という衝撃的な破局は、正にこのような無法が常態化した国アフガニスタンにおいて練られ、実行された結果であります。しかし、この時点では誰もこのような結果を招くことを想像すらしていませんでした。

タリバーンの登場と政権づくり

ムジャヒディンの傘下にあったアフガニスタンで、レイプや略奪が頂点に達したとき、国民のほとんどが耐えがたい状況に陥っていました。一九九四年一〇月、世直し軍団としてアフガニスタン南部の都市カンダハールに現れたのがタリバーンの一派です。彼らはカンダハール市を中心に勢力を拡大しました。当時のカンダハール市内は異なる組織の司令官三名が支配しており、殺戮、強奪、レイプの十字砲火に見舞われていました。神学生集団タリバーンはこの時期にイスラーム教の聖典『クルアーン』(『コーラン』)を手に、秩序の回復を叫んで現れました。彼らは市民から救世主とまでに思われました。

陥落したカンダハールの秩序を守るため、タリバーンは六名からなるシューラ(長老会議)を結成しました。これにより、すべての者から武器を没収し、犯罪と麻薬の撲滅、女性の安全を守るための厳格な外出禁止、イスラーム法に則った五回のお祈りの施行などが布告されました。殺人者、泥棒、麻薬売人に成り下がったムジャヒディンなどの追放と処罰を執り行うことが公言されました。当然、市民にとってこの厳格な戒律は厳しすぎるという認識もありましたが、何年も続いた無政府状態から抜け出せる安堵感から人々はこの政策を最大限歓迎し、やっと安心して平和に暮らせるようになりました。

このような世直し行為が方々の地域の住民から歓迎されることで、タリバーンはほとんどの地域を無抵抗で支配できました。そして、一九九六年九月にカーブルが陥落すると、アフガニスタン全土の約九〇パーセントが徐々にタリバーンの管理下に入りました。

アフガニスタンに詳しいイギリス人ジャーナリストのマイケル・グリフィンは、『誰がタリバンを育てたか』の中でこう記しています。

この軍隊には国を占領するという将来への明確な目標（欲望）などはなく、一般の兵士は純粋さと忠誠心によって大きく目を見開いていた。自分達は何のために戦っているのかをちゃんと知っていてアラー・アクバル（神は偉大なり）を唱えながら無心にカーブルに突進していた。タリバーン軍は規律正しく、幼いころからマドラッサ（神学校）で学生に叩き込まれてきた規律と服従を反映していた。彼らは何のために戦っているのかを正確に知っていて、ムジャヒディン時代のようなレイプや略奪はしなかった。（グリフィン〔二〇〇一〕五六ページ）

タリバーンの育成は、偶然的なエピソードではありませんでした。ソ連軍撤退後のアフガニスタンの情勢に絶望していた米クリントン政権が、数年来タリバーンの出現を準備していたことを、グリフィンは強調しています。ただ米国は表に出ず、サウジアラビアが資金面で、そしてパキスタンが軍事と育成能力の面で直接タリバーンを支援し組織化していました。タリバーン政権が発足したときにこれをアフガニスタンの正式な政府として承認していたのは、パキスタン、サウジアラビア、アラブ首長国連邦の三国のみでした。

このような状況の中でタリバーンは国土の九〇パーセントの支配に至り、制圧したそれらの地域で武器の没収や治安の正常化を図りながら国民の支持を得ていきました。しかし、それまでの非常事態は一応収めたものの、厳格なイスラーム化を掲げることによって、女性隔離政策や写真撮影の禁止、オーディオ・映画鑑賞の禁止、盗賊に対しては手首を切断するなどの処罰を、厳しく国民に押し付けることにもなりました。そのため国際社会からはそうした原理主義思想や厳しい統治運営に疑問が持たれ、政権として承認されず、孤立した情勢が続きました。しかし、政治的に無知であったタリバーンを利用しようとしてアル＝カーイダが彼らを支援し、タリバーンは、徐々に彼らの影響力や陰謀に屈服することになってしまいました。

二〇〇〇年四月に中央シューラの長であった穏健派の指導者マウラウィ・ラバニの病死とともに穏健派が失速し、強硬派の独壇場となります。一段と厳しい戒律の押し付けが一般市民に向けられることで、タリバーンの国内外における印象は急速に悪化していきました。

二〇〇一年九月一一日には、アル＝カーイダに訓練されていた数名の若者が、ボストンなどからロサンゼルスへと飛び立った旅客機数機をハイジャックし、ニューヨークにあった世界貿易センタービルや国防省（ペンタゴン）などに突入し、多くの犠牲者を出すことになりました。この事件は念を入れて計画され、タリバーンの指導者たちが何も知らないうちに実行に移されました。これが九・一一事件です。これに対し、ブッシュ（息子）大統領は、この行為を米国に対する宣戦布告と呼び、アル＝カーイダとタリバーンが一体であると認識した上でビン・ラーディンの引渡しをタリバーンに強く求めました。しかしタリバーン強硬派は、「客人の引渡しはパシュトゥン人の掟に反する」という理由でこれを拒否したのです。

イスラーム社会について

ところで、タリバーンやアル＝カーイダという言葉が出てきましたので、ここで、イスラーム教徒の一人として、一言、イスラーム社会について述べておきたいと思います。イスラーム社会は、イスラーム教を象徴とする社会であり、イスラーム教徒（ムスリム）もそれぞれの国や地域の環境において平然と日常の生活を営んでいます。アフガニスタン人もその中の一集団であります。

しかし、日本人や欧米人、いわゆる「先進国民」にとってイスラーム教徒は常に奇妙な目で見られ、「非先進的な集団」と認識されています。それは必ずしも偏見を意味するものではなく、どの国の人間も自分が知らない事柄を理解するときに自分たちの知識や常識を通して理解するほかに手段がなく、異なる宗教の理解においては自国の文化、習慣、それぞれの宗教感覚のベールを通して見ているからでありましょう。日本人の多くが考えるイスラーム教の教義や指導も、日本の文化や習慣に照らし合わせて、それらの枠に嵌《は》め込んで理解する以外に方法はありません。それが日本の文化や習慣に合わないとなれば「奇妙な宗教」と呼ぶでありましょうし、日本の環境や条件に合わなければ「間違っている」ということになります。このベールは、言葉、文化、生活様式、教育レベルなどによって異なることはもちろんでありますが、時にはいくつものベールが重なって相手を評価することもあります。（中田〔二〇〇一〕一二二ページ）

「イスラーム諸国の中には封建的な制度を貫いている国が多い」というのも一つの見方でありましょう。サウジアラビアやモロッコのような王政諸国は、伝統や「部族」の名のもとで国民を支配し、エジプトやシリアなどは共和国の名のもとで国民の権利を束縛し支配しています。こうした現実は、「先進国」から犯罪的な行為とすら思われて、共感をもたれない一つの理由となっています。

このようにいくつかのベールがイスラーム教信者と「先進国」の人びととの距離を隔て、不信感につながり、誤解を招く結果となっています。そこで、何かと誤解の目で見られることの多いイスラーム社会に関する読者の理解を求めるために、イスラーム教の根本とその義務（イスラームの五行）について説明しておきたいと思います。

イスラームの五行

イスラーム教には、教徒に義務として課す五つの行為（五行）があります。

1　信仰告白（シャハーダ）―アッラーへの服従

ムスリムは祈るとき「アッラーの他に神はない。ムハンマドはその使徒である」と、必ず唱えます。これを唱えることによって、ムスリムはアッラーの神が唯一であることを確信し、自分がイスラーム共同体（ウンマ）に属していることを自覚します。「信仰告白」はイスラーム教の根幹をなす宗教的核心なのです。また、ムハンマドは神ではなく、一般の人間として神の使徒としての役割を果たしていることを強調しています。

2　礼拝（サラート）―日々の祈り

ムスリムは夜明け、正午、午後、日の入り、夜と一日に五回、祈りをささげなければなりません。「礼拝」は原則的に、どこの場所でもかまわないとされていますが、祈りの方角はメッカのカーバ神殿に向かって行わなければなりません。この祈りの間では、神と対話をし、自分の行いの反省などを行うとともに、身体のストレッチングのような行動で緊張を和らげる効果があります。

3　喜捨（ザカート）―貧者への施し

イスラーム教はすべての人々の平等を謳《うた》い、イスラーム共同体内部の困窮者に対する救済を説いています。その具体的実践が「喜捨」です。ムスリムは日常必要不可欠な生活費をのぞいた年収の約一〇パーセントを救貧税として支払わなければなりません。この救貧税は、周囲の困窮者に直接手渡されることが基本ですが、国によっては税金の一部として払われ、その目的に利用されています。

4　断食（サウム）―貧者の苦しみを体験する

イスラーム教は、貧しい人々の心を知るために「断食月」（ラマダーン）を設けて、一カ月間、日の出から日の入りまで断食を行うことを求めています。「ラマダーン」はイスラーム暦（太陰暦）の九番目にあたる月で、この期間中の飲食はもちろん、唾を飲み込むことや日中の喫煙、さらには性行為も禁じています。しかし、ムスリムなら必ず「ラマダーン」を行わなければならない、というわけでもありません。幼少者や老人、妊婦、病弱な者などは免除されます。また「ラマダーン」期間中に断食を行えなかった者は、断食が可能となったときに行えばよいとされています。断食し、余らせた食事を貧しい人々に分け与えることが一つの目的でもあります。

5　巡礼（ハッジ）―聖地メッカへの参詣

ムスリムが果たすべき五つの実践の最後が、メッカへの「巡礼」です。イスラーム教は、経済的に余裕があるムスリムに人生のうち一回は「巡礼」に出ることを求めています。これは国際交流の場となるだけでなく、地域的な偏りを広い視野で確認する効果もあります。

（以上について、宮田〔二〇〇二〕四〇～四一ページも参照）

「イスラーム」の根源は、アラビア語の「サラーム」の語源から発生し「平和」を意味しています。日常的な挨拶は「アサラム・アライコム」であり、「あなたに平安が訪れますように」を意味しています。イスラーム教の教えでは、絶対的な神は「アッラー」であり、その神は姿や形はなく、包括的かつ排他的に生命、宇宙、物体、偶有などすべての物を平等に支配しています。

しかし、これは日本的な発想ではなかなか理解しがたいかもしれません。形や姿がないということは、人間、動物や物体などと同類ではなく、すべてより優れているということであり、永遠に不滅で、不変であることを意味します。よって、その教えは絶対的なものであり、正義であることから変化することはありません。

しかし、そのことは、イスラーム教の理念が、その社会的適応の過程を経ても、頑なに変化しないということを意味するのではありません。むしろその解釈は、時代、地域、習慣、そして人種や民族に平等に当てはめられうるのです。よって、宗教法の下では全員が平等であるとともに、同じような責任を果たす必要があります（宮田〔二〇〇〇〕五六ページ）。それがイスラームの五行です。

いずれの宗教も、本来は人々を救うために成立しているはずであり、その目的は社会の秩序や常識を守ることにあります。ただ、社会構造、環境などが時代とともに変化し、経済的な要素がそれに加わり、別の文化や宗教的な理念に変化することもあるでしょう。国際社会の中で生きるためには、先に述べた「いくつものベール」を互いにはぎ取る必要があります。それが互いの尊厳と繁栄につながるのだという、そのような相互理解が必要不可欠です。

2　米国の報復戦争

二〇〇一年、九・一一事件以降のアフガニスタンに話を戻しましょう。この年の一〇月八日、米国の「報復戦争」と題されたアフガニスタンへの空爆が始まりました。多額の金銭で雇われた北部同盟（タリバーンに対抗してムジャヒディン各派が連合した勢力）の兵士は、まずは国の北部でタリバーンを孤立させ、マザリシャリーフを陥落させ、その周囲で約三〇〇〇名のタリバーンを殺害してからカーブル方面へと突進しました。一方で米軍筋は、首都での略奪などの不祥事を恐れて北部同盟に自制を求めましたが、結局この戦いや米軍の空爆では、タリバーン兵のみならず多くの一般市民が犠牲になりました。タリバーンに協力した村人は北部同盟の兵士らによって侮辱され、殺されました。こうしてタリバーン政権は崩壊し、アフガニスタン情勢は新たな局面へと向かっていったのです。

同年一一月二七日、ドイツのボンにアフガニスタンの各派の代表団が集合しました。新しいアフガニスタンの運命を決定する国連主導の会議に参加するためです。そして一二月五日には暫定行政機構の成立が各派賛成多数で採択され、議長には、米国の要望通り、ハミド・カルザ

報復戦争の際に破壊されたカーブルの建物（2001年）

イ氏が就任することになりました。

また、国連の安全保障理事会の決議を受け、北大西洋条約機構（ＮＡＴＯ）軍からなる国際治安支援部隊（ＩＳＡＦ）の派遣が決定されました。米軍に加えて各国から約七万人の軍隊がタリバーン後の治安や復興の任務に当たることになりました。

その後、一三年間にわたりカルザイ政権の支配が続いてきました。しかし、国内事情は好転するどころか、むしろ混乱に向かって突き進んでいるのが現状です。

文化を無視した米軍やＩＳＡＦの無情な攻撃と策略

米軍によるアフガニスタン侵攻後、米国はこの地域の統治を目的に、さまざまな手段を使って地方展開を試みていました。しかし、住民は宗教や習慣の違いを理由に、米軍への協力を拒み、それが互いの衝突の誘因にもなっていました。そこで考案されたのが地方復興支援チーム（ＰＲＴ）です。ＰＲＴとはＩＳＡＦの下部組織で、武装勢力との戦闘が続く危険地帯や戦闘終了後の不安定地帯に、軍事組織と軍の防護付き文民組織チームを組んで派遣し、復興支援を行おうとするものです。

ＰＲＴ作戦と日本の立場については、自衛隊の協力の是非に関する二〇〇七年の国会安全保障委員会での審議の中で、辻元清美議員が麻生外務大臣（当時）とのやりとりにおいて、おおむね次のように発言しています。

米軍はアフガニスタンの実態をご存じないのではないか、としか思えない。私は、いまアフガニスタンで活動をしている人道支援団体スタッフから現場の実態をヒアリングしたところですが、ＰＲＴの構成は、治安の悪い所に行くので大半が軍人で文民は一割程度、実態は援助組織というより軍事組織のようです。現地では、実際、援助物資と引き換えにタリバーンなどに関する情報提供を促すというようなこともあり、軍事目的や現政権の威光を地方に広げるために援助を利用していると見る住民も多いのです。

米国の人道支援団体などはＰＲＴに対して厳しい見方を示しています。アフガニスタンで現地調査に当たった米国国際開発庁（ＵＳＡＩＤ）の職員さえ、「軍と民が一体化して活動するＰ

学校も戦争で破壊された。2001年、カーブルの「青空学校」で学ぶ子どもたち

RTは、中立性を重視する従来の人道援助団体の活動とは相容れない」「安定化した地域に軍服を着たPRTが入ったため新たな緊張を招いた例もある」と述べています。（二〇〇七年、アフガニスタン国内の会議で）

日本のNGOは、アフガニスタンの現場では中立性があると見られています。これはひとえに軍事組織や軍事色を出していないからです。しかし自衛隊がPRTのような活動（または行為）に参加するようなことになれば、これまで築いてきた民間支援活動もうまくいかなくなる危険があります。この点については、日本国際ボランティアセンター（JVC）や私が活動している「カレーズの会」などいくつかのNGOが共同で、外務省に

対して公開質問状を出しています（国会安全保障委員会の会議録議事情報一覧、二〇〇七年二月二二日）。

米軍は単独活動においても、地方の住民に残酷な振る舞いをしているケースが目立っています。宗教的な理由によって女性はベール（ブルカ）を被ることが多く、男性に顔を見せない習慣があります。しかし、米軍は平気で家々に侵入し、女性、子どもの身体を探索するということがたびたび報告されています。

二〇一一年三月一一日の夜、アフガニスタン南部カンダハール地方のパンジュワイ村の一般住宅に、米軍の軍曹が侵入して自動小銃を乱射し、九人の子どもを含む一六名の罪のない村人を射殺しました。調査した結果では、軍曹は度重なる戦場での勤務で疲弊し自制を失って、かつて抱いていた憎しみを理由にこのような事件を引き起こしたことがわかりました。村人や周辺住民たちはなぜ自分たちが狙われたのかさえわからないままに命を奪われ、あるいは路頭に迷うことになりました。

これに先立つ同年一月には、タリバーン兵の遺体に放尿する米兵の写真が雑誌上に掲載され、二月末には、イスラーム教の聖典である『クルアーン』が米軍基地内で焼却される騒ぎも起きています。いずれも、宗教や文化への侮辱に対する国民の怒りのデモが全国に広がっていた最中の事件であるだけに、このような行為は決して許されざるものでした。この種の事件や誤爆によって、二〇一一年における一般住民の犠牲者は三〇二一名となり、その数はその後も増加傾向を続けており、もちろん外国支援部隊の犠牲者も後を絶ちません。

二〇一四年末に、米軍をはじめＩＳＡＦの部隊のほとんどが撤退し、アフガニスタンに駐留する外国軍隊は、アフガン軍の訓練と指導のための約一万人の米軍を残すのみとなりました。しかし、治安の極度の悪化が続いています。貧困や国民間に植え付けられた憎しみなどによって治安は悪化しています。二〇一五年の民間人の死傷者は過去最悪の一万一〇〇二名（死者三五四五名、負傷者七四五七名）になりました。また、賄賂《わいろ》や犯罪も倍増している状況にあります。米軍が実行した一三年間にわたるアフガニスタンの治安回復作戦は失敗に終わり、以前存在していた秩序すら破壊されました。このような状況は戦後のイラクにおいても同じことで、国民のほとんどが最悪の日常生活に苦しんでいます。戦争や侵略がもたらすものは平和や安定ではなく、むしろ破壊と絶望のみなのです。

3　カレーズの会の発足

米国によるアフガニスタンへの報復爆撃に対して、日本政府はこれを容認するどころか協力を表明しました。ただ、日本の一般市民の反対は強く、各地ではいくつもの抗議集会が開かれ

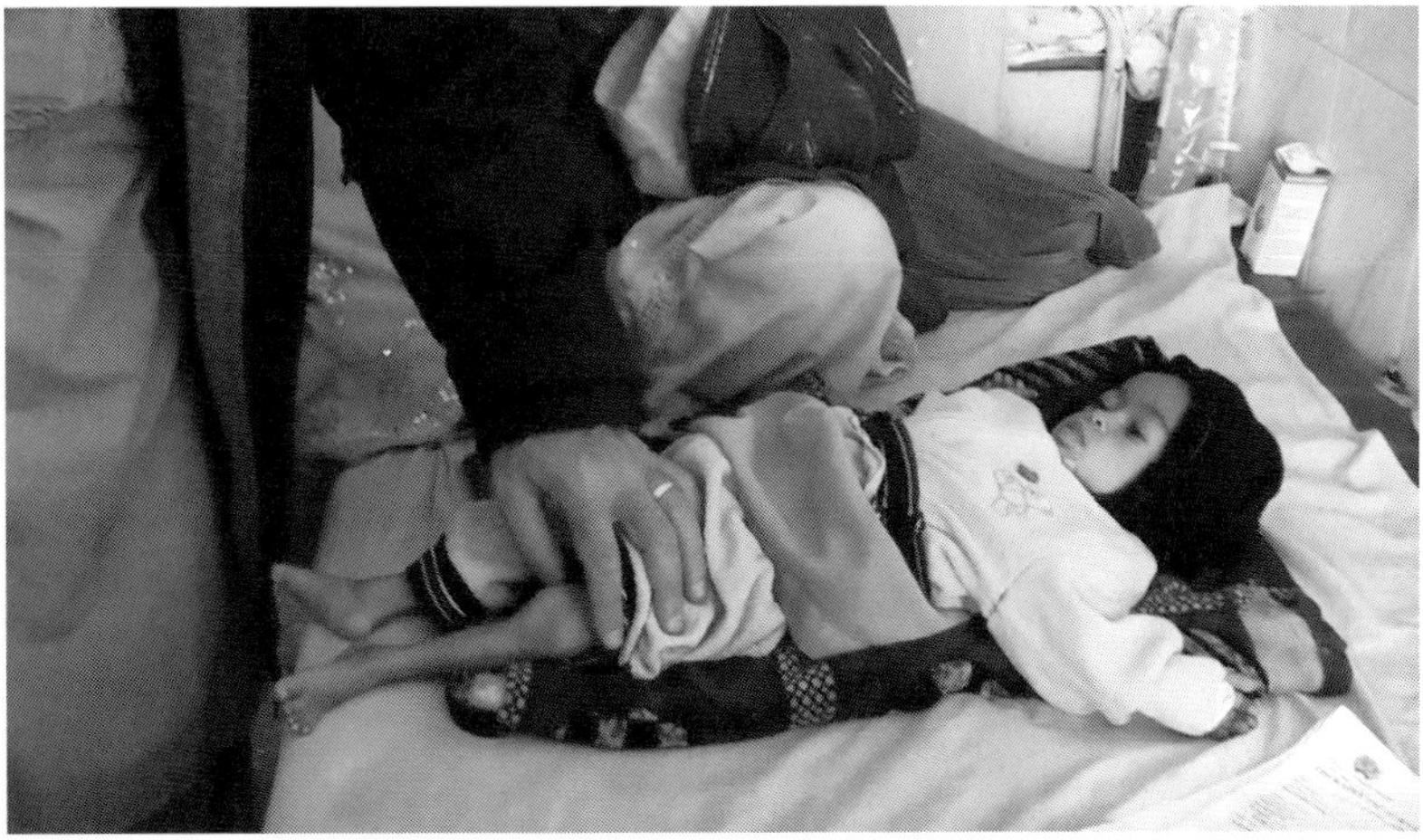

「カレーズの会」が運営するカンダハールの診療所でケアを受ける栄養失調の子ども（2009年）

ました。筆者も多くの集会に招かれ講演しましたが、二〇〇一年一〇月に開かれた静岡県総合社会福祉会館での集会には、数百人が参加し、参加者から「アフガニスタンの現状や再攻撃に反対し、何とか支援する手はないものか。君が先頭に立って行動を起こすべきだ」と強く勧められることになりました。

そこで、この集会の発起人である静岡県ボランティア協会常務理事の小野田全宏氏（現「カレーズの会」副理事長）、故・石原康彦氏（日本語教育センター元理事長）、そして弟のレシャード・シェルシャとともに「カレーズの会」の発足を模索し、結果的に、静岡県ボランティア協会の中で当会は産声を上げることになりました。

「カレーズ」とは、アフガニスタンをはじめ中東において縦横無尽に流れる地下水路、地域の人々に命の水として飲み水や農業用水などに

「カレーズの会」がカンダハールで運営する青空学校の子どもたち（2003年）

利用されている地下水のことです。当会はこのカレーズのように目立つことのない、しかし水の如く一滴一滴（会員一人ひとり）によって流れをつくり出して、アフガニスタンの人々に顔の見える形で復興のお手伝いをしようという趣旨から設立されました。

アフガニスタンは一九七九年にソ連軍の侵攻に遭い、その後の内戦などによって社会基盤が破壊し尽くされたことで、会の立ち上げ時にはすでに医療、教育面でのサービスをはじめ全生活基盤が失われていました。当時、一〇〇〇人当たり新生児死亡率は一六五、同五歳児未満死亡率が二五七（「世界子供白書二〇〇二」）、そして、一〇万人当たり妊産婦死亡率は一六〇〇（「世界子供白書二〇〇六」）と世界最悪の状態にありました。また、地方における教育は破綻《はたん》し、子どもたちが教育を受ける場はなくなり、父親を戦争や空爆で亡くした男児は家族を養うために労働に駆り出されていました（アフガニスタン・ユニセフデータ〔二〇〇六〕）。

カレーズの会は、このような状況を踏まえ、二〇〇二年四月に「アフガニスタンの復興を医療と教育の面で支援する」ことを目的に発足、同七月にアフガニスタン国内でNGOとして認証され、カンダハール市に間借りの診療所を開設して医療支援を行うところから活動を開始しました。基本的にはカンダハール市内に診療所を構え、現地で医療チームを組んで無医村や難民キャンプに出掛け、病人や子どもたちの診療に当たることにしました。

患者の多くは感染症に罹患《りかん》し、その原因は衛生面での不備とされていました。実際、アフガニスタンにおいて清潔な飲料水を飲める人口は二七パーセントにすぎず、飲料水の細菌検査では大腸菌などが多く検出されていました。このことが下痢、赤痢や胃腸障害などの誘因と見なされていました。カレーズの会はその対策に力を入れ、飲料水の改善を図りました。これには静岡県で防災用に開発された「光触媒による殺菌効果を持つチップ」が大いに役立ちました。この結果、この光触媒チップが使用された村々で消化器感染症は見事に激減していきました（WHO〔二〇一二〕）。

また、教育支援においては、教育の機会のない村々六カ所で青空学校やモスク（イスラーム教の礼拝堂）、テントなどを利用した寺子屋を九教室作り、三三〇名の子どもたちに教育の場

「カレーズの会」が運営するカンダハールの診療所で診察する筆者(右、2005年)

を提供しました。この活動は治安の悪化によって中断を余儀なくされましたが、需要に応えようと二〇〇九年にカンダハール市郊外に校舎を建設し、現在では一一七五名の子どもたちが小学校で楽しく勉学に励んでいます。当初予定より多くの子どもが集まったために、午前と午後の二部制のもとで授業を行っています。

二〇一五年一二月現在、保健衛生と医療面での成果を見ると、これまでカンダハール現地診療所を利用した患者数は全体で四四万八九七六名であり、その内訳は男性五万九五三七名(約一三パーセント)、女性二八万一四四二名(約六三パーセント)、男児(五歳未満)六万三九〇名(約

難民キャンプでの「カレーズの会」の医療活動（2003年）

一三パーセント）、女児（五歳未満）四万七六〇七名（約一一パーセント）となっています。全体の割合では約七四パーセントの患者が女性であり、その誘因としてはお産関連の疾病や衛生面の環境の不備が挙げられています。

また、集団的な感染症を予防する目的で行われた予防接種の接種者数は、ＢＣＧ一万三〇名、ポリオ三万四八六四名、混合接種二万六八〇三名、風疹《ふうしん》一万三〇六二名、ＰＣＶ八七一六名、ＩＶＰ二一五名、ＨｅｐＢ一四名の合計九万三七〇四名、お産関連や女性特有の疾病を考慮した破傷風の予防接種者数は妊婦一万一〇八八名、非妊婦二万九一八七名の合計四万二七五名となっています。

医療機関にアクセス困難な、都市部周辺の三～五キロメートル圏内の七村一二カ所では、ヘルス・ポストを活用した地域医療にも取り組んできました。これらのヘルス・ポストには、訓練を受けたボランティア男女各一名が常駐し、村民への公衆衛生教育や予防接種の実施、簡単な傷の手当て、発熱などに対する投薬などの支援に携わっています。重病患者が出た際はカンダハールの診療所まで搬送しますが、このような活動は診療所の担当医師の監督のもとに実施運営されています。二〇一五年一二月現在、ヘルス・ポストではこれまで三万七八八名の患者を診療し、公衆衛生教育指導(一一万五七五一名)、訪問活動(二万四四〇名)、予防接種(一万六三五八名)なども行ってきました。

カレーズの会の活動は、日本国内における多くの会員からの会費や寄付金と、現地ではイスラーム教の理念に基づく喜捨のかたちで投入された資金によって賄われ、効果を上げています(「カレーズ」二〇一四)。

今後のカレーズの会の行方と期待

先述のように、二〇〇二年四月に発足したカレーズの会は、アフガニスタンでの医療支援活動や教育活動を目的にアフガニスタン国内登録NGOとして活動を開始した団体です。ただ、この会は日本国内においては任意団体(NGO)として活動を開始し、二〇一三年一〇月に特定非営利活動法人(NPO法人)カレーズの会となって活動しています。その点で会の運営は決して容易ではありませんでしたが、二〇一二年には設立一〇周年を迎えることになりました。

われわれは、長年戦禍に見舞われてきたアフガニスタンが早期に平和と復興を実現し、安定

難民キャンプで避難してきた人々をケアする筆者（左、2003年）

した政権が必ずや国民に自立と繁栄の道筋を提供できると信じて、設立当初の目的を達成するための活動は、早期的かつ限定的なものに絞って行ってきました。それゆえに会員の御好意と助け合いの心を結集して今日までその運営に当たることもできました。その結果、約四四万人の患者に無料の診療や治療を行い、寺小屋教室に始まる教育支援では現在では約一二〇〇名の子どもたちに小学校で学べる機会を提供できるまでになりました。

しかし、米国のアフガニスタンへの空爆やISAFの侵攻から一三年が経つ現在も、アフガニスタンでは殺戮、テロ攻撃、治安の不安、経済破綻、政治不信、政権の不祥事が後を絶ちません。それに加えて、二〇一四年末にはほとんどの軍隊が無責任にも

新しい学校で学ぶ子どもたち（2013年）

撤退しました。撤退した後も、アフガニスタン国民は依然として政情不安とテロ、暴力、貧困の渦の中に残されたままです。一方ではロシアを中心とする中央アジアの集団安全保障条約機構（CSTO。加盟国はロシア、アルメニア、ベラルーシ、カザフスタン、キルギス、タジキスタン）の勢力拡大が新たな脅威となっています。結果的に保健医療の不備や義務教育の破綻、農業の破滅など、絶望と諦めの中に取り残されるのはアフガニスタン国民です。いずれにしても、長い戦禍に疲れきっている国民、特に子どもたちがどのような夢と希望を抱けるかが、これからの課題です。

このような状況の最中に支援活動に終止符を打つことは到底できません。地域住民からは、われわれが果たす役割のさらなる充実、現地での安定した運営に大きな期待が寄せられています。カレーズの会にいま求められているのは、現在行っている活動の効率化を図りながら、次のステップに進むための積極的かつ綿密な計画を練り上げていくことです。

カレーズの会の活動や努力は、ひとえにアフガニスタンに住む人々の健康や最低限の教育機会を守り、将来への夢を育てることにあります。だから今まで以上に多くの方々のご支援や行政機関の幅広い知識と経験に基づくご指導が必要になります。これまで活動を支えてくださった多くのボランティアの方々による、より積極的な参加も必要になります。ともに学び、ともに奉仕の心を持って平和への投資を行うことが当会の活動の成否を決定するものである限り、今後もボランティア・スタッフの募集と育成を模索し続けていかなければなりません。

もちろん、過去や将来の活動の評価はわれわれが行う以上に、直接当事者であるアフガニスタンの人々自身の手で行うべきです。そのための環境づくりも、当会の今後の主要な目標にならなければならないと考えています。

4　国際社会と日本国政府のアフガニスタン情勢への対応

報復戦争後のアフガニスタン社会は、過去一四年間に実施された国際社会からの数々の復興支援によって、保健や教育に関わる分野については確かに一定の改善が見られ、人々に安心感を与える大きな要素になっています。しかし一方では、政府の能力不足や治安の悪化などによって、支援が底辺の人々に届かなかったり、ニーズを反映しない支援に終わったりするケースも多く見受けられ、それが復興の停滞にもつながっています。

治安維持をめぐる国際社会の戦略においても混乱が見られます。日本政府は、元政府軍兵士の社会復帰（ＤＤＲ）、非合法武装集団の解体（ＤＩＡＧ）などに多額の資金を援助し、武装・動員解除に協力してきました。一方で、治安維持の目的で、外国軍が地方有力者に武器や資金を供与し続けたために、逆に地域の安定が崩れてしまったケースや、民兵組織と外国軍が一体化した活動を行うことで地域住民の信頼が損なわれてしまったケースもあります。

日本政府はテロ対策特別措置法の名のもとで米軍を支援し、約二一九億円を投じてインド洋における米軍艦隊への給油をアフガニスタン支援の枠内で施行してきました。二〇〇七年一一月五日、国会の「国際テロリズムの防止及び我が国の協力支援活動並びにイラク人道支援活動等に関する特別委員会」でその継続が審議されましたが、このとき筆者はその参考人として招聘《しょうへい》され、先述の武装・動員解除の問題とともにこの「給油支援」について次のように発言しました。

アフガニスタン国は中央アジアに位置する国であり、周囲は内陸の国々に囲まれていて、海に面しているところはどこにもありません。日本政府はアフガニスタンにおける米軍のテロ対策の名のもとで支援を行っているが、これが理に適《かな》っているとはまったく思えません。

アフガニスタン国内での殺戮や海外でのテロの目的で使用される武器は、アフガニスタン国内で製造されることは不可能であり、当然周囲の国々を通して搬入され、使用されています。

その防止対策として国境で管理するのであればまだしも、遠いインド洋でその監視を行うというのは無駄なことだと思われます。アフガニスタン国内で栽培され、国外へ輸出されることで国際的な問題になっている麻薬の搬送ルートの制御に関しても、国境で行われることが理想です。日本政府による「給油支援」は、米国政府や米軍との協調の効果（イラクに対する作戦に利用）以外には考えられません。


現在、日本政府は国連経由でアフガニスタンの全警察官に対する半年分の給与支援を行っていますが、警察官の業務実態に問題が多いことは国際NGO、オックスファムの報告書が明らかにしています。状況の改善を図るには、まずは十分な実情の把握から始めるべきでありましょう。特に今後のアフガニスタンにとって重大な課題とされる治安回復に関わる支援については、日本政府は十分なレビューを実施する必要があると考えます（Oxfam〔二〇一一〕）。

二〇一一年、国連人道問題調整事務所（OCHA）は、「止むことのない紛争」「自然災害」

2015年11月のカンダハールの市場

「人道支援にアクセスできる人が限られていること」などの複数の事象が、アフガニスタンにおける人道危機の原因であるとして、さらなる支援の必要性を各国・各機関に訴えました。しかしながら、国際社会は逆にアフガニスタンへの支援額を減少させる方向に向かい、復興協力への関心を薄めようとしています（UNAMA〔二〇一一〕）。

民主党政権時代には、日本政府は二〇〇九年から五年間という期限付きで、アフガニスタンに対する五〇億ドルの民生支援を決定しました。この民生支援は「テロとの戦い」ではなく、国づくりに重点を置いた日本政府の決断として多くのアフガニスタン人に歓迎されました。

とはいえ、治安の悪化状況やアフガニスタン政府のガバナンス能力を考慮すると、五年という短期間に多額の支援を実施することは難しく、十分な効果を得られるどころか、かえって汚職などの弊害を引き起こしかねないのも事実です。すでにこの決定から七年が過ぎていますが、使用された支援金の実績や効果についてはいまだに立証されていません。ＩＳＡＦや米軍の撤退後に治安が一段と悪化しているため、日本を含めて国際社会からの支援が減少しています。このような状況の中で、貧困や地域格差が一般市民の生活環境を圧迫し、仕事がない人々は反政府勢力などに加担することも少なくありません。日本からＪＩＣＡを通して行われてきた国際支援も縮小し、現地で活動している職員の人数が半減し、専門家の入国は規制されています。

本来は、このような状況では支援の需要が増し、多くの国々や国際組織の支援活動を充実させるべきでしょう。今こそ、治安状況の安定や政府の能力向上のためにより多くの資金や努力が必要不可欠です。そして日本がそのために役割を果たすことをアフガニスタン国民が大いに期待しているのです。

また、そうなるためには、アフガニスタンの人々に不信感を与えてきたＰＲＴのような軍民一体の支援ではなく、人々のニーズに基づく文民のみによる支援が求められるでしょう。日本政府は、一時期考えられていた自衛隊派遣ではなく、文民による支援活動の強化に努めるべきでしょう。アフガニスタンの再生のためには、アフガニスタン人自身による援助調整の改善やネットワークの強化、政府との意思疎通の改善、基本サービスの充実が欠かせません。

日本政府に期待されるのは、その分野で活躍しているアフガニスタンのＮＧＯや市民社会組織（ＣＳＯ）を、積極的に支援することです。次に見るように第二回アフガニスタン東京会合において確認されたＣＳＯの役割は大変重要であり、この領域に対する継続的な支援が期待されています。

第二回アフガニスタン東京会合でのこと

欧米諸国によるアフガニスタン支援が混乱を招き続ける中で、アフガニスタン社会で信頼が厚い日本には、政治的対話におけるイニシアティブが期待されています。

二〇一二年七月八日、東京で開催された第二回アフガニスタン東京会合（日本・アフガニスタン両政府主催）においては、支援する諸国からそれまでに投入された支援金の利用目的や計画、成果評価に対して、多くの国や国際団体から疑問の声が上がりました。今後はより現場の需要に見合った計画の策定、実施、検証を重視することが支援金の投入のための条件とされました。その実施団体の一つとして、アフガニスタンと日本の市民社会組織は、共同で役割を果たすべくこの一連の会合に参加し、支援のあり方、内容、その後の評価に自ら参画することを提案してきました。

第二回会合には約八〇カ国の政府関係者や国際団体が参加し、事前調整を経て「東京フレームワーク」の設定が合意されました。そしてその運営のために総額で約一・三兆円（約一六〇億ドル）の支援金が決定されました。また、今後の課題として、この資金援助の用途や効果の監視が強調され、それに対するＣＳＯの参画が提言されました。

この会合の開催に先立ち、アフガニスタン国内では各州から約二〇〇名（NGO、人権保護団体など）のメンバーが集まり討議し、アフガニスタンCSOの役割の原案を採択しました。そして選抜された男女各一五名の代表が来日し、日本のCSOメンバー（NGO一八団体）と度重なる協議を行い、それぞれの意見書を作成しました。本会合の前日には、国連大学にてパラレル会議が設けられました。ここでは各国大使館員や国際団体、大学関係者、一般市民ら七〇〇名以上によって支援計画の調整が行われ、翌日の会合で提言内容が発表されました。

具体的には、基礎社会サービス（保健・栄養、教育、水供給、衛生分野）への長期的な資金支援に加えて、以下の計画が提言されました。

・女性の人権・権利確保、帰還難民・国内難民支援、若年層の教育や復職支援
・農業開発の充実、水路整備と確保
・市民社会の役割の拡充と政策環境（法律、制度、税制面）の整備、日本・アフガニスタンのCSOへの支援強化と東京会合の合意への確実な評価
・アフガニスタン政府内の汚職と腐敗防止、財政改革、アフガニスタン政府の管理能力の向上、ドナー（資金提供者）としてのアカウンタビリティー（説明責任）の確保、ドナーへの定期的な評価、ドナーによる積極的なフィードバック・支援の質の改善

しかし、この会合以降、上記事項の実行の行方は不明瞭であり、その検証もまだ行われていません。

同志社大学で行われたタリバーンとの対話

多くのアフガニスタンの国民は、多国籍軍の存在を支持してきませんでした。ここ数年間、南部、東部においては農村地域を中心にタリバーンへの支持や協力が深まっており、周辺国からの反政府勢力への流入もやむことなく、もはや軍事力での解決は不可能なレベルに達しています。一方、タリバーンの最高指導者オマール師（二〇一三年に死亡）は「すべての紛争の解決方法は相互理解にあると信じる」と述べ、政治交渉の可能性を示唆したことがあります。

第二回アフガニスタン東京会合と前後し、二〇一二年六月二八日にはこのような期待に応える対話のステップの一つとして、タリバーンの代表、政府の平和構築担当大臣、ヘズビイスラミー（反政府組織）などの要人が一堂に会する、熱心な協議の場が京都市内において設けられました。今後の政治的な交渉に向けたこの有意義な対話は同志社大学の招きで実現しました。

同志社大学での協議の中で、タリバーン側はまず、中央アジアにおける米軍の存在自体が紛争を引き起こす誘因であり、その早期完全撤退こそが地域の平和に貢献するための解決法であると主張しました。そのうえで、米軍撤退後の平和構築プロセスづくりや国政選挙の透明性、米軍の捕虜になった大勢の囚人の釈放が、和平の前提条件であることを強調しました。これに対して、アフガニスタン政府の代表は、ソ連軍の侵攻やその後の混乱でこれまで一五〇万人の尊い命が犠牲になった事実を忘れずに、今後はこのような事態が起こらないよう互いに保証しあうことが大事だと述べました。

そして双方の間で、最終的に、平和構築プロセスや透明性とともに、国際社会が決定したプロセスを実行し、それを承認、保証し合うことの重要性が確認されました。双方が顔の見える対話によってこうした結論に達したことは、極めて意義深い成果といえます。このような積極的な試みはアフガニスタンの平和と安定のためには必要不可欠な手段であり、その継続が大いに期待されています。

シルクロードの掟

同志社大学での協議の後、タリバーン代表と政府代表、そしてヘズビイスラミーなどの要人が同じテーブルを囲みながら日本食の鍋をつついたことに、周りの人々は驚きを隠せませんでした。同席した筆者は、シルクロード文化の伝統である「顔の見える対話」こそがやはりアフガニスタンの抱える難題の解決にとっては唯一の方法だと再認識しました。

古来シルクロードは貿易の拠点でした。遥か昔から物資はもちろんのこと、文化、風習、ときには宗教的な理念までが地域から地域へと伝わり渡ってきました。その結果、文化と繁栄を長年にわたり維持することもできました。この十字路を利用してきた人々は、東西においては中国からヨーロッパまで、南北においてはインドからロシアまで、実に広範に及びます。その交差点がまさにアフガニスタンだったのです。

シルクロードを経て各地を訪れたかつての旅行者には、貿易のためであれ交流のためであれ、それぞれの地域の文化を大切にし、訪れた土地や地方の住民に深入りし過ぎず、場合によっては服従するという掟《おきて》がありました。一方、迎える側の住民には、客人を大事にし、充分に接待し、命懸けで客人を守るという別の掟がありました。

シルクロードの人々は、何世紀にもわたり、互いの文化、風習を尊重し合い、良好な関係を維持してきたのです。しかし、近代の欧米の植民地政策はこうした古来からの文化と習慣を無視し、あるいは踏みにじってしまいました。欧米による今日のアフガニスタン政策が現地住民に受け入れられないのは当然です。

二〇一三年六月一八日、タリバーンは、カタールの首都ドーハに新たな事務所を開設したと正式に発表しました。カタールと友好関係にある米国政府がこれを歓迎したことは、対話の道への始まりが確実に訪れている兆候といえます。タリバーン側も、米国政府やアフガニスタン政府と対話路線を開く用意があることを示唆しており、和平プロセスへの新たな幕開けとなることが期待されました。ただし、二〇一四年春に行われたアフガニスタンの大統領選の結果によってこの対話路線は断たれ、現在は大きな成果を期待できる状況にはありません。

その後、パキスタン、ロシアや中国などの働き掛けによって、アフガニスタン政府とタリバーンが数回話し合いを持つことがありました。しかし、この話し合いはアフガニスタンの人々に信頼される国や団体が指揮を執っていないために破綻した結果となっています。今後は、アフガニスタンの戦後の復興に無条件で惜しみのない協力をしてきた日本が仲介の役割を果たすことが現実的な手段だと思われます。

日本への期待

アフガニスタンの平和に対する貢献においてアフガン人に最も信頼され、期待されてきたのは日本です。

日本は、東ティモールやカンボジアで上げた実績を活かし、治安維持のための対話に積極的に参加する必要があります。アフガニスタンでいま、民間人の武装解除を促し、兵士以外の職業で生計が立てられるように、職業訓練と職場の創出が重要な課題になっています。これを支援するには、アフガニスタンに古来から存続している長老者会議（ジルガ）との連携を図ることが現地の実情に合っています。それによって、住民同士の連携を強めていくことが大切です。日本社会においてはアフガニスタンの問題に対する関心がだいぶ薄れてきています。その意味では個々の人々にアフガニスタン問題への関心を高めてもらうことが重要になります。

そのうえで、インフラへの支援としては、アフガニスタンの各地域住民の職業訓練に加え、専門職の人材育成にも期待したいです。これについては、日本をはじめとする第三国での研修や実習の機会を増やして、保健・衛生・医療、一般教育などの分野を充実させることが必須の要件です。雇用や農業対策の拡充、そして地域格差の解消のためには、復興支援がアフガニスタンの末端まで行き届き、自力で生活できる手段が創出される必要があります。これらが今後のアフガニスタンの将来を決定づけるものと筆者は確信しています。

＊

アジア太平洋戦争の終結から七〇年以上が過ぎました。しかし、人類にとって最も悲惨な経験といえる広島や長崎の原爆（核爆弾）は、永い時を超え、人々の心の奥底にいまだ深い悲しみと怒りを残したままです。その一方で、戦争体験者の人口が減少するにつれ、戦争を知らない世代の人々の心がこの広島・長崎の現実を忘れようとしています。

核は、上手に利用すれば最強のエネルギー源として人々の生活を潤すともいわれてきましたが、本質的には、人間が作った最大で最悪の武器に結びつきました。現代の技術がこの呪われた武器の小型化を推し進め、世の貧しく無力な人々を威嚇《いかく》し苦しませる道具として再び使われる可能性を高めています。恐ろしいことです！

日本では二〇一一年に発生した東日本大震災で大勢の人々の命が奪われ、同時に起きた福島第一原発事故の悲劇で何十万もの人々が故郷を追われました。その悲しみはいまも癒《いや》されてはいません。このような悲惨な事態を生んだ原発を「経済再建」の柱の一つにして再稼働させ、その輸出までも積極的に売り込んでいる日本政府の行為は正当化することができません。

唯一の被爆国である日本とその国民は、原爆投下という許しがたい犯罪の結果と恐怖を知っ

2015年5月に大阪で開かれたアフガニスタン現地報告会。正面中央が筆者

ています。ところが、この悲惨な経験をした人々の子孫の一部は、この現実を今や平気で忘れようとしています。時代の流れとともに、まるで別世界での出来事、自分とはまったく関係のないものとして振る舞う人々が増えています。過去は過去として片付け、現在の経済的利害だけが真っ先に重んじられ、過去の敵は現在（と将来）の最大の味方になることを自慢さえしています。

それに加え、平和を基礎とする憲法、なかでもその第九条を改変し、軍隊を持つことを公然と正当化しようとする人々がいます。また、二〇一五年の安全保障関連法の成立は、自衛隊が他国軍と肩を並べて戦場に向かう事態すら招きかねません。日本の自衛隊のそのような姿は想像したこともありません。

今日の日本の繁栄と成長を支えてきた世代は、みな高齢の域に達しています。その高齢者がまるで社会のお荷物のように扱われ、厄介払いされている現状もあります。しかし、戦後のあの悲惨な状況を思い出していただきたいのです。当時は青年としてその厳しい条件の中で社会づくりを担い、自分の幸福や家庭以上に、社会や次世代のために尽くしてきたいまの高齢者こそ、この国の立役者です。感謝の意が表され、敬われるべき人生のこの時期に、社会の負担のように扱われていることは許しがたい現象です。

過去ばかりを追うのではなく明るい将来を夢見ることが大切である、とよくいわれます。筆者もそれを否定するつもりはありません。しかし、歴史は次の時代の基礎であることも忘れてはなりません。

その過去を振り返るかのように、二〇一六年五月二七日に米国のオバマ大統領は、現役の大統領として初めて広島の地を訪問し、過去の原爆投下の反省と新しい平和的世界を築くために、広島の平和記念公園で、演説しました。彼は以下の如く原爆投下と第二次世界大戦の現実をまとめました。

――ほんの数年の間で約六〇〇〇万人が死んだ。男性、女性、子どもたち、われわれと変わるところがない人たちだった。撃たれたり、殴られたり、行進させられたり、爆弾を落とされたり、投獄されたり、飢えさせられたり、毒ガスを使われたりして死んだ。

——現代の戦争はこうした真実をわれわれに伝える。広島はこの真実を伝える。人間社会の同等の発展なき技術の進展はわれわれを破滅させる。原子核の分裂につながった科学的な革命は、倫理上の革命も求めている。

だからこそわれわれはこの地を訪れる。この街の中心に立ち、爆弾が投下されたときの瞬間について考えることを自らに強いる。惨禍を目にした子どもたちの恐怖を感じることを自らに課す。

——しかし、わが国を含む、それらの国々は核兵器を貯蔵しており、われわれは恐怖の論理から抜け出し、核兵器のない世界を希求する勇気を持たなければならない。こうした目標は私の生きている間は実現しないかもしれないが、粘り強い取り組みが惨禍の可能性を引き下げる。

——広島と長崎の将来は、核戦争の夜明けとしてでなく、道徳的な目覚めの契機の場として知られるようになるだろう。そうした未来をわれわれは選び取る。

オバマ大統領のこの伝言が世界中の核を保有する国々にどう伝わって、そしてどう実現されるのかは不明でありますが、期待したいものです。

アフガニスタンの人々は、一九七九年から一〇年間、ソ連軍による暴力や殺戮に苛《さいな》まれ続けました。それによって、シルクロードの宝ともいえる多民族社会の融和と友愛を大切にした暮らしが「部族」間の隔離と憎しみに置き換えられました。ソ連軍が撤退してからわずか五年の間に、今度はこの「部族」間の憎しみと残された多量の武器がアフガニスタン全土を破壊し、国は地獄と化し、国民は絶望の淵に追いやられました。

混乱と政治空白を乗り越えた頃に、二〇〇一年の「九・一一」が起きました。アフガニスタンは世界最大の軍事大国、米国の報復対象にされ、三たび国民は空爆の犠牲となりました。アフガニスタンの人々は安定政権や平和をずっと夢見てきました。しかし、もはや、人も政府も国際協調も、素直に信じることができなくなってしまいました。我が兄弟でさえも不信の目で見るようになってしまいました。アフガニスタンのこの経験は、平和に暮らす国々の国民にとっては、平和の意味を考えるいい教訓となるでしょう。

一方、日本が経験したつらく厳しい過去は、いまのアフガニスタン人にとって、良き教訓となります。アフガニスタン人は暗く悲しい思い出のみを追うのではなく、自力と努力で自らの将来を切り開くことを目標にすべきです。また、それと同時に、日本の戦後世代の一部の人々のように過去のすべてを忘れ去ることのないよう、苦い歴史から学ぶべきものを心の底にしっかりと埋め込んでおいていただきたいです。

経験した時代は違っても、日本とアフガニスタンは同じ悲しみの歴史を持つ国や国民として、明るい明日へ向かって共に歩み、親しみや友情によって共存できる平和な新時代を共に築き上げる存在となれるよう、心から願っています。

引用文献

「カレーズ」（カレーズの会広報誌）第五一号、二〇一四年九月二〇日。

マイケル、グリフィン／伊藤力司ほか訳『誰がタリバンを育てたか』大月書店、二〇〇一年。

「国会安全保障委員会の会議録議事情報一覧」第一六六回国会・安全保障委員会第二号、二〇〇七年二月二二日。

中田考『イスラームのロジック』講談社、二〇〇一年。

宮田律『イスラムでニュースを読む』自由国民社、二〇〇〇年。

宮田律『完全図解！　よくわかる「今のイスラム」』集英社、二〇〇一年。

レシャード・カレッド『知ってほしいアフガニスタン』高文研、二〇〇九年。

Oxfam：“No time to lose: Promoting the accountability of the Afghan National Security Force”, May 2011.

UNAMA（国連アフガニスタン支援ミッション）：“Afghanistan Midyear Report 2011 Protection of Civilians in Armed Conflict”, UNAMA report, July 2011.

WHO: Country Statistical Profiles, 2011.

参考文献

山岡淳一郎「脱混迷ニッポン3　混乱と破壊の祖国アフガンで黙々と患者と向き合う」『週刊金曜日』二〇一二年六月二九日号。

第3章　戦争をする国にしないために

レシャード・カレッド

1　人権、仁愛と日本の価値

アフガニスタンに生まれ、中学時代から日本に興味を持ち、多少の知識を得た私カレッド・レシャードは、一九六九年四月五日に羽田空港に降りたちました。一九歳の時のことです。当時の日本は、私の想像をはるかに超えた先進国のように見えました。確かに、建物、設備などはまだヨーロッパには追いついていなかったかもしれません。しかし、人々の礼儀正しさ、丁寧で静かな対応に私の心は魅了されました。

留学生寮に入り、千葉大学留学生部での学びが始まりました。当初、食事などは全て寮の食堂で賄っていました。ただ、留学生寮で生活すると、通用語としては日本語を使わないため、これでは日本語を学べない、喋《しゃべ》れない、そんな心配が沸き上がってきました。日本語や日本の生活に親しみ慣れるためには、日本人の家庭に下宿をしなければならないと決心しました。

まだ当時、外国人を家庭に入れる習慣は日本には少なかったと思いますが、新聞広告でやっと見つかったお年寄り夫婦の家で、お世話になることになりました。このご夫婦は大変親切で、生活すべての世話をして下さる上、月末に生活費を渡そうとすると受け取ろうとなさらなかったのです。私は驚きを隠せませんでした。

冬のある寒い夜、お爺さんとお婆さんにこの親切さの訳を聞いてみました。すると、お二方は第二次世界大戦での日本の敗戦後、「満州」から引き揚げるときに船に間に合わずして、ある中国人の老婆の家の地下室に匿《かくま》われて過ごしたという体験を話してくれました。お二人は、中国人老婆の、その日のわずかな稼ぎの中から、食事を分け与えてもらって命を繋いだ日々を過ごしてきたというのです。そしてある日、日本に向けて積み荷を運ぶ船を老婆が見つけ、早朝に積み荷の中に彼らを隠してくれ、日本に辿り着くことができたとのことでした。その後、その老婆に連絡を取ることはできなかったといいます。

老婆はお返しを期待することなく、ご夫婦に全てを捧げました。恩返しができないお二人は、どこかで誰かに、老婆が自分たちに行ったのと同じ行為を行いたいと思っていたそうです。そこに私が現れた、ということだったのです。

まさにボランティア精神によるこの行動に、私はあらためて感服させられました。そして、いずれは私も誰かにこの恩返しをすること、無になって人の役に立つことを心に決意しました。その後、私は、日本で学び医師免許も得、日本に帰化しました。今、静岡県島田市で、日常診療、在宅医療、終末期医療に取り組みつつ、祖国アフガニスタンのために、ＮＰＯ法人（ＮＧＯ）「カレーズの会」を立ち上げ、医療と教育面で仲間とともに支援活動をしています。これらは、その時の決意があったからこそです。

日本は第二次世界大戦において、広島と長崎に投下された原爆や広範な爆撃によって国中が瓦礫《がれき》と化して、生活できない状況に陥ってしまいました。しかし、傷ついて残された国民が、戦後、人間愛を基本に立ち上がり、互いを慰め合い、少ない食料を分かち合って、それぞれの地方の復興のために決意を新たに取り組みました。結果的には、戦後一九年目にオリンピックを東京の地で開催させるまでに発展復興しました。これは並大抵の努力ではなかったはずです。

侵略や内戦で国が荒廃してきたアフガニスタンの人々には、これは重大な教訓であり、学ぶことの多い経験であります。国づくりの過程において大切なことは、目に見える部分だけではなく、人権、思いやり、そして仁愛であります。アフガニスタン国憲法では、人権は大切に論じられているのですが、地域によってそれが順守されているかどうかは疑問です。特に、女性の人権は、アフガニスタンをはじめ、アジアやアフリカの国々では軽視されていることが多く、問題だと思っています。

アフガニスタンでは、医療保険や教育のレベルが充分とはいえないことに加えて、人材の不足や地域での偏在が目立ちます。一〇万人の人口に対する医師の数は二五・四名（日本では二四四・九名）で、その多くが都会に集中して勤務していることが、この格差に拍車をかけています。教育面では、男子の就学率は五三パーセント、女子のそれは三五・五パーセントと低く、約一〇パーセントの一四歳以下の子どもたちが児童労働に携わっています。その結果、平均識字率は三二パーセントに過ぎません。

こうした事態の要因としては、安全な学校や教育設備の不備に加えて教師の人材不足が挙げられます。上記の状況を踏まえて「カレーズの会」ではアフガニスタン南部のカンダハール郊外に診療所や学校を設立し、日常診療や村々での保健活動に取り組んできました。特に乳幼児の疾病から予防対策としての予防接種の接種率の向上、健全な飲料水や栄養の指導にも力を入れてきました。

私の日本における活動としては、日常診療に加えて在宅医療の推進、いわゆる「畳の上で死を迎える」環境づくり、日々増加している要介護高齢者へのサービスとして介護老人保健施設、特別養護老人ホーム、グループホームや小規模多機能施設、そして在宅系サービスとして訪問看護、訪問介護、訪問リハビリなどに加えて包括支援センターなどの事業を行ってきました。これらのサービスの恩恵を受けている多くの方々に感謝されることが、まさに見返りを求めないボランティア精神の賜物であると確信しています。

無から始まり、心構え一つで新しいものに挑戦できること、人間同士の人権を尊重し、少しばかり奉仕の心を加えることが、国の成功の秘訣だと私は思います。私の好きな日本語に「おかげさま」という言葉があります。この言葉は、自分で見えていなかった事実、自分で発見できなかった自分の能力や特技を、周囲の人々が見いだしてくれること、そして一人でできないことを協力して他人の力を借りてできるようになることへの、感謝の気持ちを表しています。

日本がそうして今まで努力して成功してきたこと、「おかげさま」の精神で協力して推進したこと、永年掛けて築いてきた平和と平穏の価値が、最近、国や政府のレベルでわからなくなっているような気がして、それが気がかりです。特に、軍事力や自衛権だけで国を守ろうとする論理は、必ずしもいいことではありません。アジアの国々において尊敬されてきた日本が果たすべき役割は、平和的、中立的、そして無条件の国際協力であると私は思っています。アフガニスタンの場合は、日本に和平会議の仲介を多くのアフガニスタン国民が期待し、待ち望んでいます。

広島と長崎の被爆と惨事を経験した唯一の国・日本が、いつまでも日本国憲法第九条の精神を貫くことで世界の人々の目標となり、鏡となれることでしょう。日本人の優しい、友愛の心をいつまでも大切にしていただきたいと思います。

2　安保法制になぜ反対するのか

日本が、戦後の悲惨な状況からオリンピックを開催するまでの復興を成し遂げたのは、戦争放棄と不戦の誓いを謳った日本国憲法第九条のおかげであることを、私は日本に来て実感しました。

残念ながら、アフガニスタンの平和と安定は一九七九年にソ連軍の侵攻によって破壊され、その後も、子どもや一般市民を含む国民の多くが、日常的に惨事に巻き込まれ命を落とすことが頻繁に起きてしまっています。そういう状況を知っているだけに、日本に住むからこそ平和の尊さが私にはわかります。平和がなければ経済、文化、社会の発展はありえません。

二〇一五年九月に成立した安保法制によって、この現実が今や壊されようとしています。それは大変悲しい事実であります。安全保障法制は、同盟国（基本的には米国）に対する武力攻撃があった場合に、日本が他国間の戦争に自ら参戦し海外で武力行使を行うことを意味しています。いわゆる集団的自衛権の行使を容認することであります。「国際平和協力」の名の下で、他の国の紛争において、弾薬の輸送など武力行使と一体となった兵站《へいたん》活動を広く認め、地域的な限定がなく、世界どこでも射程に入ることであります。この行動は、第九条、すなわち「日本国民は、正義と秩序を基調とする国際平和を誠実に希求し、国権の発動たる戦争と、武力による威嚇又は武力の行使は、国際紛争を解決する手段としては、永久にこれを放棄する。前項の目的を達するため、陸海空軍その他の戦力は、これを保持しない。国の交戦権は、これを認めない」ことに違反しています。

アフガニスタンをはじめ、多くの発展途上国は、日本の経済的進歩を喜び、アジアの国々では「兄貴分」として成功した日本に平和と繁栄を望んでおります。アフガニスタンの戦後復興にも無条件で惜しみない協力をしてきた日本を尊敬し、将来の目標にしてきました。我々、日本のNPO法人である「カレーズの会」が、アフガニスタンの地方の村々まで活動を広げ、地域住民の役に立つことができているのも、日本に対する信頼のおかげであります。皆が日本に期待しているのは軍事的な支援ではなく、平和的で、仁愛に基づいた国際協力であります。安全保障関連法の成立、他国軍と肩をならべて戦場に向かう日本の自衛隊の姿は見たくありませんし、想像もしたくありません。

日本が戦争に加担することはあり得ないと思って日本に来たイラク人留学生を知っています。ところがその人は、安保法制の国会での議論を聞いて、イラクの平和をぶち壊した米軍と変わらないじゃないかと、留学を途中で断念するほどにまで落胆しておりました。

アフガニスタンのような情勢の不安定な国々の平和のために日本にできることは、東ティモールやカンボジアなどでの経験を活かして対話の仲介に努めることであり、戦争に加担することではないと思います。それこそが日本の正しい役割であり、国連での理事国の地位を獲得するための手段であります。

3 ISはどこから来たか

「イスラム国」（IS）はイラク、シリアの一地方においてテロや暴力を主とする組織です。この組織は突然できたわけではなく、またウサマ・ビン・ラディン氏が率いていたアル＝カイーダのようなワンマン・リーダー組織でもありません。ISは、二〇〇三年のイラク戦争後、野放しにされたフセイン政権の将校たち、情報機関員が主体となってできた組織で、集団指導体制によって管理されています。二〇〇三年、アメリカ、イギリスなどの連合軍は、「大量破壊兵器を保持している」として（実際には保持していませんでした）、イラクのフセイン政権（当時）を打倒する目的で侵攻し、一つの統治国家を破壊しました。その結果、招いたのがISの台頭だといわねばなりません。

どこかの国が戦争を仕掛けたり、引き起こすと、その結果として他の国までが巻き込まれたり、自分にその矢が向けられてしまう羽目になるのです。ＩＳが台頭し国際社会に脅威を与えているのは、その例証といえるでしょう。アフガニスタンの諺《ことわざ》に、「井戸掘りは常に自分が井戸にはまる結果となる」という言葉があります。まさにその通りではないでしょうか。この現実から目を背けることはできません。

ＩＳの最初の目標は、イラクに新政権を立て直すことだったと思われます。米国の支援でつくられたイラクのシーア派政権の打倒と、新国家の形成・拡張が目的でありました。イラク国内においては、ＩＳを受け入れる組織も地域も残っていなかったのですが、内戦などで弱体化したシリアにおいて、彼らは拠点を設けることができました。しかし、その実態はヨーロッパ諸国などに対するテロを働く過激組織にすぎません。いかなる口実を用いたとしてもテロは許されないものです。

大きな疑問は、ＩＳが暴力による支配を維持するための資金が何によって賄われているのか、ということです。軍備や武器はどこから提供されているのかということです。大量の武器を自ら製造できるとは考えられません。石油の販売による資金集めも限界があると思います。どこかの国が支援する以外、考えられる術《すべ》はないはずです。フセイン政権時代の武器も旧式のもので、性能面で現在のそれには劣ります。資金、銃弾や武器を、ＩＳがどのようなルートで手に入れているのかはわかりません。国際社会は協力して、そうしたルートを断つ必要があります。

ＩＳへの報復、弱体化のため、米国や英国、フランス、そしてロシアも加わって、空爆を行っています。しかし、この空爆で犠牲になっているＩＳの兵士は、全体のほんの一部に過ぎず、多くの一般市民が犠牲となり、住みかを失っているのが現実です。それは、空爆を行っている国への憎しみや絶望を、住民はじめいろいろな人にもたらしますし、そういう中からテロ集団に参加しようと思う人も生まれるのです。

難民の急増に見られるように、シリアのアサド政権と反政府勢力の内戦――その背景には欧米各国の思惑も作用していますーーは深刻な事態に至っています。そこに反政府勢力のみならず、ＩＳが絡むようになり、一般市民の日常生活は圧迫され、犠牲者の増加、貧困の増大など最悪の状況となっています。

地域紛争は武器や暴力による対応で解決するものではありません。人間は知恵を持ち、常識を持っているはずです。互いの理解と対話が紛争を解決し、温情が人々を救うのです。まさに今がこのような努力と譲りあいが必要な時ではないでしょうか。

二〇一四年一月、安倍首相が中東訪問中、「ＩＳＩＬ（『イスラム国』）がもたらす脅威を少しでも食い止めるため」として総額二億ドル程度の支援を関係諸国に約束する旨、記者会見で語りました。その直後、ＩＳメンバーの人物が「日本政府はイスラム国に対する戦いに二億ドルを支払うという愚かな選択をした」などとし、ジャーナリスト後藤健二さんら二人の日本人の身代金として二億ドルを要求する映像が公開され、さらにその後、その二人が犠牲になるというたましい出来事があったことは記憶に新しい現実です。

安保法制により、日本がアメリカなどの軍事行動を支援することが現実味を帯びてきています。それは、国際的には、日本が第三国に対し軍事攻撃を行うことと受けとられるでしょう。また安倍政権は、従来、武器輸出に制限を加えてきた「武器輸出三原則」を廃止し、武器輸出に積極姿勢を見せています。こうした動きは、私が中学時代から知り、尊重していた日本国憲法第九条の理念を放棄する行為であり、許されない事態であります。このような理念の変化は世界に対する脅威となり、結果的に日本がイスラム国などのテロ組織の標的になる危険性を大きなものにしています。

こうした危険な道に、日本が踏みだしてはならないと思います。

「はさみ」と「針と糸」の役割

昨今、世界中に不安が広がり、平和と繁栄が脅かされているような状況が続いています。毎日のように世界のどこかでテロや犯罪による犠牲者が発生し、その周囲の多くの人々が泣かされています。そのために地域の活力が低下し、互いの信頼が揺らぎ、経済的な損害がもたらされています。それがまた貧富の差を広げ、再度、地域の治安の悪化の誘因となっています。

本来、人は連帯と相互理解の下で、共に生きるために集団生活を始めたはずです。それが他の生物類とちがう文化を生み出し、繁栄への過程に役立ちました。どこかで、本来のこのような考え方に反して、いつの間にか自己中心主義が中心を成すようになりました。家族、村、県や国によって永年築かれた社会的な秩序が乱れる羽目となり、経済成長や文化発展の道が途絶える事態を招いています。

私の父は詩人であり文学者でありました。アフガニスタンという国は、長期にわたる戦争や殺戮《さつりく》の時代を経験し、父もこのような状態を目の当たりにしたこともあって、常に詩を通して人々に平和、融和や秩序のある社会づくりのための努力を促していました。その詩の一つに、はさみと針、糸の役割を説いたものがあります。私はこの詩が好きであり、正に今の社会のあり方に最も相応しい内容であると思います。その内容は――。

昔からシルクロードでは広い地域間の交流が盛んに行われ、それぞれの文化、技術などが伝達されていました。この交流は単なる貿易や経済関係だけに留まることはなく、政治、宗教や文化まで含んでいました。人々は自分たちが作ったり、発見した物を旅先で売り、その地域の物や技術などを習得して田舎へ持ち帰り伝達していました。また、技術や物品を伝達してもらうためには当地の王や支配者らに自慢の品を持参して喜んでもらうことで便宜を図ってもらっていました。

このような流れの中で、ある地域の要人が、中央アジアの王宮を訪れ、自分が住んでいる地域で贅沢に作られている自慢の「はさみ」を王に手土産として持参しました。このはさみは何に使うものかは王や側近も当然知っていましたが、土産としてのはさみには驚いた様子でした。

土産を持参した人はそのはさみの自慢話をし、どう作られ、どれほど切れるものであるかなどを説明しました。

王がその要人に向かって説きました。「まずはあなた様のご好意に感謝します。あなた様が持参したはさみは確かに自慢できるほどの代物でありましょう。よく切れる物で長持ちするなどの特徴を持っているのでありましょう。しかし、土産としてもらうのにしては我々は受け取れません。なぜならば、その機能は物を切ることであり、裂くことです。このようなものは、人間と人間の信頼と絆さえも切ることになる可能性があります。我々は切れるはさみよりも人々の心をつなぎ合わせることのできる針と糸が欲しいのです。それによってさらに友情が増し、互いを尊敬し合い、それぞれの立場を尊重し合うことができるようなものとしたいのです。それが平和を生み出し、平安な世界をつくるのです」。

今こそこの世は、切れる「はさみ」ではなく心と心を結び合わせる「針と糸」が必要な時代であり、真剣に平和と融和をもたらす術が期待されています。早くそのような気持ちが人々の心に芽生えることを願いたいものです。

長倉禮子（ながくられいこ）

1936年生まれ。元山梨県立女子短大教授。神学研究者。静岡市内で私設図書室「ガレリア布半」を運営、戦争展などを開いてきた。2016年3月に逝去。

レシャード・カレッド

アフガニスタン出身。1950年カンダハル生まれ、1969年日本に留学後、76年に京都大学医学部卒業。医師免許を取得、82年に日本に帰化し島田市で開業している。アフガニスタン支援の「カレーズの会」を主宰。著作に『知ってほしいアフガニスタン　戦禍はなぜ止まないか』（高文研）、『終わりなき戦争に抗う』（共著、新評論）。

挿絵　ウルシ・ヒロ

戦争《せんそう》に巻《ま》きこまれた日々《ひび》を忘《わす》れない――日本《にほん》とアフガニスタンの証言《しょうげん》

2016年7月5日　初　版

著　者　長倉禮子
　　　　レシャード・カレッド
発行者　田所稔

郵便番号　151-0051　東京都渋谷区千駄ヶ谷4－25－6
発行所　株式会社　新日本出版社
電話　03（3423）8402（営業）
　　　03（3423）9323（編集）
info@shinnihon-net.co.jp
www.shinnihon-net.co.jp
振替番号　00130-0-13681
印刷・製本　光陽メディア

落丁・乱丁がありましたらおとりかえいたします。

JASRAC　出1606087-601
ISBN978-4-406-06038-7　C0036　Printed in Japan